書名：地學形勢摘要
系列：心一堂術數古籍珍本叢刊　堪輿類
作者：心一堂編

主編、責任編輯：陳劍聰
心一堂術數古籍珍本叢刊編校小組：陳劍聰　素聞　梁松盛　鄒偉才　虛白盧主

出版：心一堂有限公司
地址／門市：香港九龍尖沙咀東麼地道六十三號好時中心LG 六十一室
電話號碼：+852-6715-0840
網址：www.sunyata.cc
電郵：sunyatabook@gmail.com
網上書店：http://book.sunyata.cc
網上論壇：http://bbs.sunyata.cc/

版次：二零一四年四月初版
平裝

定價：港幣　一百五十元正
人民幣　一百五十元正
新台幣　四百九十八元正

國際書號：ISBN 978-988-8266-67-8

香港及海外發行：香港聯合書刊物流有限公司
地址：香港新界大埔汀麗路三十六號中華商務印刷大廈三樓
電話號碼：+852-2150-2100
傳真號碼：+852-2407-3062
電郵：info@suplogistics.com.hk

台灣發行：秀威資訊科技股份有限公司
地址：台灣台北市內湖區瑞光路七十六巷六十五號一樓
電話號碼：+886-2-2796-3638
傳真號碼：+886-2-2796-1377
網路書店：www.govbooks.com.tw
www.bodbooks.com.tw
經銷：易可數位行銷股份有限公司
地址：台灣新北市新店區寶橋路二三五巷六弄三號五樓
電話號碼：+886-2-8911-0825
傳真號碼：+886-2-8911-0801
email：book-info@ecorebooks.com
易可部落格：http://ecorebooks.pixnet.net/blog

中國大陸發行・零售：心一堂書店
深圳地址：中國深圳羅湖立新路六號東門博雅負一層零零八號
電話號碼：+86-755-8222-4934
北京地址：中國北京東城區雍和宮大街四十號
心一店淘寶網：http://sunyatacc.taobao.com

心一堂術數古籍 珍本 整理 叢刊 總序

術數定義

術數，大概可謂以「推算（推演）、預測人（個人、群體、國家等）、事、物、自然現象、時間、空間方位等規律及氣數，並或通過種種『方術』，從而達致趨吉避凶或某種特定目的」之知識體系和方法。

術數類別

我國術數的內容類別，歷代不盡相同，例如《漢書·藝文志》中載，漢代術數有六類：天文、曆譜、五行、蓍龜、雜占、形法。至清代《四庫全書》，術數類則有：數學、占候、相宅相墓、占卜、命書、相書、陰陽五行、雜技術等，其他如《後漢書·方術部》、《藝文類聚·方術部》、《太平御覽·方術部》等，對於術數的分類，皆有差異。古代多把天文、曆譜、及部份數學均歸入術數類，而民間流行亦視傳統醫學作為術數的一環；此外，有些術數與宗教中的方術亦往往難以分開。現代學界則常將各種術數歸納為五大類別：命、卜、相、醫、山，通稱「五術」。

本叢刊在《四庫全書》的分類基礎上，將術數分為九大類別：占筮、星命、相術、堪輿、選擇、三式、讖諱、理數（陰陽五行）、雜術（其他）。而未收天文、曆譜、算術、宗教方術、醫學。

術數思想與發展——從術到學，乃至合道

我國術數是由上古的占星、卜筮、形法等術發展下來的。其中卜筮之術，是歷經夏商周三代而通過

「龜卜、蓍筮」得出卜（筮）辭的一種預測（吉凶成敗）術，之後歸納並結集成書，此即現傳之《易經》。經過春秋戰國至秦漢之際，受到當時諸子百家的影響、儒家的推崇，遂有《易傳》等的出現，原本是卜筮術書的《易經》，被提升及解讀成有包涵「天地之道（理）」之學。因此，《易・繫辭傳》曰：「易與天地準，故能彌綸天地之道。」

漢代以後，易學中的陰陽學說，與五行、九宮、干支、氣運、災變、律曆、卦氣、讖緯、天人感應說等相結合，形成易學中象數系統。而其他原與《易經》本來沒有關係的術數，如占星、形法、選擇，亦漸漸以易理（象數學說）為依歸。《四庫全書・易類小序》云：「術數之興，多在秦漢以後。要其旨，不出乎陰陽五行，生尅制化。實皆《易》之支派，傳以雜說耳。」至此，術數可謂已由「術」發展成「學」。

及至宋代，術數理論與理學中的河圖洛書、太極圖、邵雍先天之學及皇極經世等學說給合，通過術數以演繹理學中「天地中有一太極，萬物中各有一太極」（《朱子語類》）的思想。術數理論不單已發展至十分成熟，而且也從其學理中衍生一些新的方法或理論，如《梅花易數》、《河洛理數》等。

在傳統上，術數功能往往不止於僅僅作為趨吉避凶的方術，及「能彌綸天地之道」的學問，亦有其「修心養性」的功能，「與道合一」（修道）的內涵。《素問・上古天真論》：「上古之人，其知道者，法於陰陽，和於術數。」數之意義，不單是外在的算數、歷數、氣數，而是與理學中同等的「道」、「理」--心性的功能，北宋理氣家邵雍對此多有發揮：「聖人之心，是亦數也」、「萬化萬事生乎心」、「心為太極」。《觀物外篇》：「先天之學，心法也。……蓋天地萬物之理，盡在其中矣，心一而不分，則能應萬物。」反過來說，宋代的術數理論，受到當時理學、佛道及宋易影響，認為心性本質上是等同天地之太極。天地萬物氣數規律，能通過內觀自心而有所感知，即是內心也已具備有術數的推演及預測、感知能力；相傳是邵雍所創之《梅花易數》，便是在這樣的背景下誕生。

《易・文言傳》已有「積善之家，必有餘慶；積不善之家，必有餘殃」之說，至漢代流行的災變說及讖緯說，我國數千年來都認為天災，異常天象（自然現象），皆與一國或一地的施政者失德有關；下至家族、個人之盛衰，也都與一族一人之德行修養有關。因此，我國術數中除了吉凶盛衰理數之外，人心的德行修養，也是趨吉避凶的一個關鍵因素。

術數與宗教、修道

在這種思想之下，我國術數不單只是附屬於巫術或宗教行為的方術，又往往是一種宗教的修煉手段——通過術數，以知陰陽，乃至合陰陽（道）。「其知道者，法於陰陽，和於術數。」例如，「奇門遁甲」術中，即分為「術奇門」與「法奇門」兩大類。「法奇門」中有大量道教中符籙、手印、存想、內煉的內容，是道教內丹外法的一種重要外法修煉體系。甚至在雷法一系的修煉上，亦大量應用了術數內容。此外，相術、堪輿術中也有修煉望氣（氣的形狀、顏色）的方法；堪輿家除了選擇陰陽宅之吉凶外，也有道教中選擇適合修道環境（法、財、侶、地中的地）的方法，以至通過堪輿術觀察天地山川陰陽之氣，亦成為領悟陰陽金丹大道的一途。

易學體系以外的術數與的少數民族的術數

我國術數中，也有不用或不全用易理作為其理論依據的，如揚雄的《太玄》、司馬光的《潛虛》。也有一些占卜法、雜術不屬於《易經》系統，不過對後世影響較少而已。

外來宗教及少數民族中也有不少雖受漢文化影響（如陰陽、五行、二十八宿等學說）但仍自成系統的術數，如古代的西夏、突厥、吐魯番等占卜及星占術，藏族中有多種藏傳佛教占卜術、苯教占卜術、擇吉術、推命術、相術等；北方少數民族有薩滿教占卜術；不少少數民族如水族、白族、布朗族、佤族、彝族、苗族等，皆有占雞（卦）草卜、雞蛋卜等術，納西族的占星術、占卜術，彝族畢摩的推命術、占卜術……等等，都是屬於《易經》體系以外的術數。相對上，外國傳入的術數以及其理論，對我國術數影響更大。

曆法、推步術與外來術數的影響

我國的術數與曆法的關係非常緊密。早期的術數中，很多是利用星宿或星宿組合的位置（如某星在某州或某宮某度）付予某種吉凶意義，并據之以推演，例如歲星（木星）、月將（某月太陽所躔之宮次）等。不過，由於不同的古代曆法推步的誤差及歲差的問題，若干年後，其術數所用之星辰的位置，已與真實星辰的位置不一樣了；此如歲星（木星），早期的曆法及術數以十二年為一周期（以應地支），與木星真實周期十一點八六年，每幾十年便錯一宮。後來術家又設一「太歲」的假想星體來解決，是歲星運行的相反，週期亦剛好是十二年。而術數中的神煞，很多即是根據太歲的位置而定。又如六壬術中的「月將」，原是立春節氣後太陽躔娵訾之次而稱作「登明亥將」，至宋代，因歲差的關係，要到雨水節氣後太陽才躔娵訾之次，當時沈括提出了修正，但明清時六壬術中「月將」仍然沿用宋代沈括修正的起法沒有再修正。

由於以真實星象周期的推步術是非常繁複，而且古代星象推步術本身亦有不少誤差，大多數術數除依曆書保留了太陽（節氣）、太陰（月相）的簡單宮次計算外，漸漸形成根據干支、日月等的各自起例，以起出其他具有不同含義的眾多假想星象及神煞系統。唐宋以後，我國絕大部份術數都主要沿用這一系統，也出現了不少完全脫離真實星象的術數，如《子平術》、《紫微斗數》、《鐵版神數》等。後來就連一些利用真實星辰位置的術數，如《七政四餘術》及選擇法中的《天星選擇》，也已與假想星象及神煞混合而使用了。

隨着古代外國曆（推步）、術數的傳入，如唐代傳入的印度曆法及術數，元代傳入的回回曆等，其中我國占星術便吸收了印度占星術中羅睺星、計都星等而形成四餘星，又通過阿拉伯占星術而吸收了其中來自希臘、巴比倫占星術的黃道十二宮、四元素學說（地、水、火、風），並與我國傳統的二十八宿、五行說、神煞系統並存而形成《七政四餘術》。此外，一些術數中的北斗星名，不用我國傳統的星名：天樞、天璇、天璣、天權、玉衡、開陽、搖光，而是使用來自印度梵文所譯的：貪狼、巨門、祿存、文曲，廉貞、武曲、破軍等，此明顯是受到唐代從印度傳入的曆法及占星術所影響。如星命術的《紫微斗數》及堪輿術的《撼龍經》等文獻中，其星皆用印度譯名。及至清初《時憲曆》，置閏之法則改用西法「定氣」。清代以後的術數，又作過不少的調整。

陰陽學——術數在古代、官方管理及外國的影響

術數在古代社會中一直扮演着一個非常重要的角色，影響層面不單只是某一階層、某一職業、某一年齡的人，而是上自帝王，下至普通百姓，從出生到死亡，不論是生活上的小事如洗髮、出行等，大事如建房、入伙、出兵等，從個人、家族以至國家，從天文、氣象、地理到人事、軍事，從民俗、學術到宗教，都離不開術數的應用。我國最晚在唐代開始，已把以上術數之學，稱作陰陽（學），行術數者稱陰陽人。（敦煌文書、斯四三二七唐《師師漫語話》：「以下說陰陽人謾語話」，此說法後來傳入日本，今日本人稱行術數者為「陰陽師」）。一直到了清末，欽天監中負責陰陽術數的官員中，以及民間術數之士，仍名陰陽生。

古代政府的中欽天監（司天監），除了負責天文、曆法、輿地之外，亦精通其他如星占、選擇、堪輿等術數，除在皇室人員及朝庭中應用外，也定期頒行日書、修定術數，使民間對於天文、日曆用事吉

凶及使用其他術數時，有所依從。

中國古代政府對官方及民間陰陽學及陰陽官員，從其內容、人員的選拔、培訓、認證、考核、律法監管等，都有制度。至明清兩代，其制度更為完善、嚴格。

宋代官學之中，課程中已有陰陽學及其考試的內容。（宋徽宗崇寧三年〔一一零四年〕崇寧算學令：「諸學生習……並曆算、三式、天文書。」，「諸試……三式即射覆及預占三日陰陽風雨。天文即預定一月或一季分野災祥，並以依經備草合問為通。」

金代司天臺，從民間「草澤人」（即民間習術數之士）考試選拔：「其試之制，以《宣明曆》試推步，及《婚書》、《地理新書》試合婚、安葬，並《易》筮法，六壬課、三命、五星之術。」（《金史》卷五十一．志第三十二．選舉一）

元代為進一步加強官方陰陽學對民間的影響、管理、控制及培育，除沿襲宋代、金代在司天監掌管陰陽學及中央的官學陰陽學課程之外，更在地方上增設陰陽學之課程（《元史．選舉志一》：「世祖至元二十八年夏六月始置諸路陰陽學。」）地方上也設陰陽學教授員，培育及管轄地方陰陽人。（《元史．選舉志一》：「（元仁宗）延祐初，令陰陽人依儒醫例，於路、府、州設教授員，凡陰陽人皆管轄之，而上屬於太史焉。」）自此，民間的陰陽術士（陰陽人），被納入官方的管轄之下。

至明清兩代，陰陽學制度更為完善。中央欽天監掌管陰陽學，明代地方縣設陰陽學正術，各州設陰陽學典術，各縣設陰陽學訓術。陰陽人從地方陰陽學肄業或被選拔出來後，再送到欽天監考試。（《大明會典》卷二二三：「凡天下府州縣舉到陰陽人堪任正術等官者，俱從吏部送（欽天監），考中，送回選用；不中者發回原籍為民，原保官吏治罪。」）清代大致沿用明制，凡陰陽術數之流，悉歸中央欽天監及地方陰陽官員管理、培訓、認證。至今尚有「紹興府陰陽印」、「東光縣陰陽學記」等明代銅印，及某某縣某某之清代陰陽執照等傳世。

清代欽天監漏刻科對官員要求甚為嚴格。《大清會典》「國子監」規定：「凡算學之教，設肄業生。滿洲十有二人，蒙古、漢軍各六人，於各旗官學內考取。漢十有二人，於舉人、貢監生童內考取。附學生二十四人，由欽天監選送。教以天文演算法諸書，五年學業有成，舉人引見以欽天監博士用，貢監生童以天文生補用。」學生在官學肄業、貢監生肄業或考得舉人後，經過了五年對天文、算法、陰陽學的學習，其中精通陰陽術數者，會送往漏刻科。而在欽天監供職的官員，《大清會典則例》「欽天監」規定：「本監官生三年考核一次，術業精通者，保題升用。不及者，停其升轉，再加學習。如能黽勉供職，即予開複。仍不及者，降職一等，再令學習三年，能習熟者，准予開複，仍不能者，黜退。」除定期考核以定其升用降職外，《大清律例》中對陰陽術士不準確的推斷（妄言禍福）是要治罪的。《大清律例．一七八．術七．妄言禍福》：「凡陰陽術士不許於大小文武官員之家妄言禍福，違者杖一百。其依經推算星命卜課，不在禁限。」大小文武官員延請的陰陽術士，自然是以欽天監漏刻科官員或地方陰陽官員為主。

官方陰陽學制度也影響鄰國如朝鮮、日本、越南等地，一直到了民國時期，鄰國仍然沿用着我國的多種術數。而我國的漢族術數，在古代甚至影響遍及西夏、突厥、吐蕃、阿拉伯、印度、東南亞諸國。

術數研究

術數在我國古代社會雖然影響深遠，「是傳統中國理念中的一門科學，從傳統的陰陽、五行、九宮、八卦、河圖、洛書等觀念作大自然的研究。……傳統中國的天文學、數學、煉丹術等，要到上世紀中葉始受世界學者肯定。可是，術數還未受到應得的注意。術數在傳統中國科技史、思想史，文化史、社會史，甚至軍事史都有一定的影響。……更進一步了解術數，我們將更能了解中國歷史的全貌。」（何丙郁《術數、天文與醫學中國科技史的新視野》，香港城市大學中國文化中心。）

可是術數至今一直不受正統學界所重視，加上術家藏秘自珍，又揚言天機不可洩漏，「（術數）乃吾國科學與哲學融貫而成一種學說，數千年來傳衍嬗變，或隱或現，全賴一二有心人為之繼續維繫，賴以不絕，其中確有學術上研究之價值，非徒癡人說夢，荒誕不經之謂也。其所以至今不能在科學中成立一種地位者，實有數困。蓋古代士大夫階級目醫卜星相為九流之學，多恥道之；而發明諸大師又故為惝恍迷離之辭，以待後人探索；間有一二賢者有所發明，亦秘莫如深，既恐洩天地之秘，復恐譏為旁門左道，始終不肯公開研究，成立一有系統說明之書籍，貽之後世。故居今日而欲研究此種學術，實一極困難之事。」（民國徐樂吾《子平真詮評註》，方重審序）

現存的術數古籍，除極少數是唐、宋、元的版本外，絕大多數是明、清兩代的版本。其內容也主要是明、清兩代流行的術數，唐宋以前的術數及其書籍，大部份均已失傳，只能從史料記載、出土文獻、敦煌遺書中稍窺一鱗半爪。

術數版本

坊間術數古籍版本，大多是晚清書坊之翻刻本及民國書賈之重排本，其中豕亥魚魯，或而任意增刪，往往文意全非，以至不能卒讀。現今不論是術數愛好者，還是民俗、史學、社會、文化、版本等學術研究者，要想得一常見術數書籍的善本、原版，已經非常困難，更遑論稿本、鈔本、孤本。在文獻不足及缺乏善本的情況下，要想對術數的源流、理法、及其影響，作全面深入的研究，幾不可能。

有見及此，本叢刊編校小組經多年努力及多方協助，在中國、韓國、日本等地區搜羅了一九四九年以前漢文為主的術數類善本、珍本、鈔本、孤本、稿本、批校本等數百種，精選出其中最佳版本，分別輯入兩個系列：

一、心一堂術數古籍珍本叢刊

二、心一堂術數古籍整理叢刊

前者以最新數碼技術清理、修復珍本原本的版面，更正明顯的錯訛，部份善本更以原色精印，務求更勝原本，以饗讀者。後者延請、稿約有關專家、學者，以善本、珍本等作底本，參以其他版本，進行審定、校勘、注釋，務求打造一最善版本，供現代人閱讀、理解、研究等之用。不過，限於編校小組的水平，版本選擇及考證、文字修正、提要內容等方面，恐有疏漏及舛誤之處，懇請方家不吝指正。

心一堂術數古籍 珍本 整理 叢刊編校小組

二零一三年九月修訂

地學形勢摘要

一

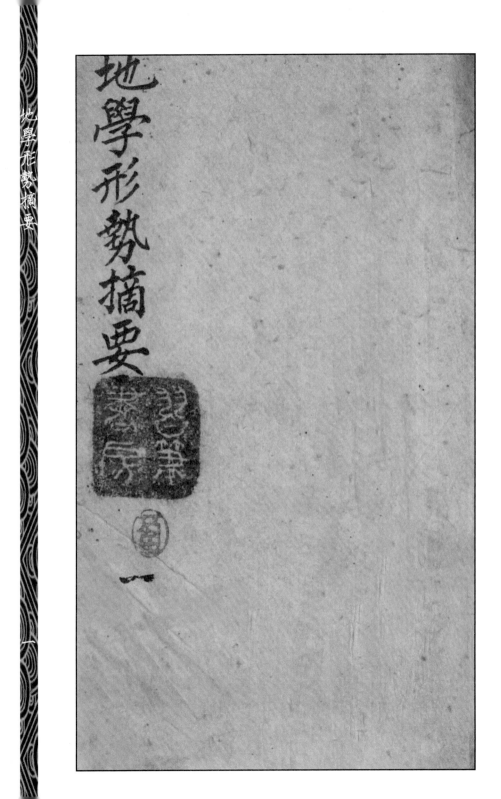

枝幹總論

審辨之法以水源為定大幹龍則以大江大河夾送小幹龍則以大溪大澗夾送大枝龍則以小溪小澗夾送小枝龍則惟田源溝洫夾送而已

論幹龍

袤 音茂長也

所謂大幹龍者即幹中之幹也千里祖山極其高大每有雲霧生其巔拔雄偉如萬馬出而百職咸隨出身以來則多牽連而行不起星峰惟則星峯聳拔雄飛峯斜落是龍腳耳

幹中幹龍跌斷過峽頓起祖山成星體闊而展肩列屏列帳嶂降勢蔭脈正出若枝中幹龍只從幹龍起頂處或硬腰上分出脈去再自起祖山澗而落脈正出若從幹龍肩旁分出為幹中枝從枝龍肩旁分出為枝中枝龍之衛從勢必精銳非水可斷察之即在石蹟之生成變龍之

若是幹龍

無星峯兩邊生峯甚難捉又云幹龍身
可以不生峯龍概論也
送是也故幹龍不可以星體拘之惟
巒疊嶂峯連而行或百餘里或
斷處必是驛路通衢人跡
餘里或數千里平地了不知其去或平田度坂而藕斷
偷踪察勢內跡詳形
絲連或石梁渡水而崩洪過脈或拋踪內跡而蛛絲馬
跡或撒落平田而藏形隱踪前去忽起高山又復峯連而
行行而復斷斷而復起廖氏云幹龍住處分遠近千里
為大郡二三百里可為州過峽即封侯百里只堪為縣治
下峽為鎮市是也其分去之龍各隨其正幹之大小

肉跡形如蜿蜒
隱現田中詳之
即在支形之徵
頭處
一說幹不起峯
若起峯則龍欲
住幹龍祖山各
有星體將住起
峯迢相照應龍
雖有幹脈從枝
落

而有差別如正幹去作京都則其分去小幹爲省城而
省城分去爲郡邑之類然此等大龍之有行至將結作
處之手脚橈棹撒落平洋草行獨步而一曲一屈動數
十里隔州隔水之山遠來小迎接在數十里外自相脫
護衛乃是千百里外係指麾部
不至是也 雪心賦云求吾所大欲至冰
龍夾兩河夾送出爲逆水惟是將及入首翻
數節結穴爲好所謂順勢翻成逆勢是也
然連斷數斷脫節殺氣方有融結不然則撒落（衆大特小衆老特嫩衆粗特細衆顯特隱）
須依近大河耳雖是依近大河却不暴

李淳風所謂山有旺于中者是也

貪狼木星乃直體也若是真龍必然斷續生本性也不然何異于衆條之煞乎

云大地多從腰裏落回轉餘枝作城郭（貪狼之龍乃多如此）在大窮盡處大窮盡處多是風吹（特言護砂之多耳若無護砂即風吹水）

穴之外必有餘氣之山或去神或作下手或作案托或反遶于身爲關峽或奔走于水口爲門户之類其間取各有小穴但生等大龍正結之穴天珍地秘多是醜拙隱怪或結仰高天巧或結藏龜沒泥或爲騎龍或爲石巧奇蹤異跡隱晦殊常雖是隱怪卻自穎異自然秀氣迎遞門户迥別或龜蛇之結或獅象盤旋或日月捍門或劍戟羅列或羅星重疊或旗鼓槍戟或華表捍門于雲霄北辰鎮居地户

巃嵸高而員者
樓台山也尖而秀
者鼓角山也列于
羅城必成大地

祖山頓起大峯高
尖曰樓高平曰殿

或樓台鼓角列于羅城金箱玉印塞於水口或石筍遊魚
之怪見乎湖蕩水之汪洋或禽星獸星蹲踞於水口天関
地軸布貫於局內自有許多貴蕩證佐但是等正幹
貴蕩大龍或為
賢墓宅雖有遺穴天珍地秘
有小幹龍即幹中之枝也亦自大幹
辰宗山高聳為祖宗離祖而行辭樓下殿
類但大幹動滴千里或數百里小幹只一二三百
次生或七八十里所分枝脚亦多结鄉村市鎮
體格之行五六十里或二三十里或十數里

大関峽大道路而枝葉蕃衍擁護峽有融結小穴口訣云峽前峽後去尋地是也其龍盡變為止兩河交劍處為盡經云百里　有小幹龍兩水生曲岸有水抱龍頭抱處好尋氣全散是也亦是兩水夾送不可必其逆水惟是結作之際翻身曲轉逆勢作穴故有曲岸之外抱其龍頭耳其穴亦不在大窮盡變亦多隱怪將及結作之間亦必逮有脫卸閃跌度峽或逮起峯巒開帳穿心而其手腳橈棹亦結小穴護托迎送之山亦隔水相衛遠來會聚水口之山亦有數千里之遠而門戶亦須顯異有華表北辰遊魚石曜蠆蛇獅象等砂入局之際亦必山水

言幹結不必逆水

言幹結亦有逆水特是順來逆結耳

大會朝案特達左右圍迴明堂舒暢內局緊固外陽寬闊羅城秀列禽曜出現主分茅胙土出將入相皇親國戚文武全才忠臣烈士清秀賢儒神童狀元及第一舉之富子孫宗族世代榮顯滿門朱紫與國同休身後英靈血食百世又有一等幹龍高大氣凶惡而不清本身改粗頑雖有剝變愈見雄悍却亦開俱備亦有融結但大福禍大禍每每相或富如季倫而不善其後其最凶者或如王之擅權君子不取也

雄龍生大將握兵權若砂亦出文士或以文官而握兵權如龍勢委蛇軟嫩得雄砂夾送或面前砂水如筆如刀如旗如鼓必主威嚴豈止文秀哉

大地全形看氣概小地全勢看精神大地須在大勢上理會穴多隱拙何有穴穴巧眉動人故不拘拘于窩鉗乳突耳若小地既全氣概又無精神焉有好結全看精神聚處穴形明白耳

論枝龍

幹龍最少枝龍最多論地只可辨真偽不可拘大小故枝龍究竟是大枝龍即枝中之幹也其祖山亦不是遠高山峦龍駐蹕處於此當其離祖分派以原其將要起星

論祖山

辰或金或木或漲天水焰天火或御屏土之類察其發脈中落而上自離祖以後又連起有星辰謂之座龍亦曰座星有此座星合格發脈更是中出即謂之出身好前去必結美地自出

論出身

身後迤邐行度或起伏或剝換或大頓小跌或左挪右閃或橫闊濶帳而穿心中出斷而復續伏而再起兩邊枝脚隨身

論過峽

擁護不令風吹或反借幹龍為作遮護幃托及其過峽之

論脫卸

際或穿田度坂挑跳閃跡藕斷絲連脫卸之後復起星

展或飛蛾降勢或華蓋中抽其身枝脚或帶倉庫或帶
旗鼓或帶印笏或帶劍戟或成天乙太乙或成文官武將及
將結穴又起高大星辰爲少祖自此以下或二三節或四五節即
作穴而穴後一節之山或束氣結咽或細嫩委曲或閃斷爲峽頭
起穴星融結天然之穴乃爲最貴枝龍結作多在盡處則爲
天然明白爲上多是得水變結穴多是下手之山爲力龍之貴
者則爲貴應或印浮水面或龜蛇變結或橫官鎮塞或羅星
関鎖或旗鼓羅列或日月對峙或華表高聳若爲特乃法主
翰苑尚書侍從方面文武之職乃富冠鄉邑朱紫滿門
有小枝龍即枝外之枝生也而于行龍身上或大龍峽處邊分落

論少祖

論穴後脈

論枝結

論水口

一枝自起星辰峰巒磊落遠者三五里近者十數節子微云却爲枝龍但數節不作穿心人易識須要成星體合龍格爲起伏爲夾送而龍虎應案堂氣水城下關門户皆合法度穴情十分明白始爲真結雖富貴不大然發越極快蓋此等龍多在大盡處成穴必得水必迎堂或臨田蘸（斬去聲以物淬水中）水之穴始易發財祿但不及遠耳

又爲小枝中之尤小者謂之旁枝或五六節或三四節結爲小形穴若星辰秀美穴情明白明堂平正下手有力四山圍聚水口關闌亦能發福但不長久至大富貴耳

又有一等美地只數節即結形穴頗似幹龍又非枝比謂之隨

龍穴依近省郡城市大幹龍結作山水大會處結穴龍氣大旺于是至只要穴真又不必拘于尋龍或二三數節之結大地以其睦大幹共祖同宗來歷固已貴秀局面之自繁華猶之近帝貴人故自隨龍又不可以長短論也但取結穴處自立门户為真矣

隨龍穴苟能自立門户無論龍之大小長短皆有可觀但大城地必在城邊之說

論太祖山

祖宗聳拔其子孫必顯貴故尋龍必先觀祖宗山即其遠遠其而名之曰太祖山必須高大迥異或跨州連郡延袤數百里大者如名山五嶽小其亦必高大冠于一州一郡又小其亦須冠于一邑一方乃可謂之太祖山其形則巍然高大聳入雲霄或如龍樓

寶殿干絲燈萬石倉等於祖山既高大異常其天將陰則見雲霧生其巔楊筠松云尋龍望氣先尋脈雲霧（觀氣之學）多生在龍脊春夏之交二分夜望雲霓生處覓雲霓先生絕高頂生是龍樓寶殿定以觀雲霧之所生以察龍山之太祖亦一法耳既認太祖以次審其出身行度及父母胎息以至受穴之山皆于生原其根矣

論少祖山

夫少祖山其即近祖次宗廖氏又謂之主山龍行既長離祖已遠各分枝派將結穴處忽起高大山巒不過數節即結穴場若其山分枝尚多結穴尚遠猶未可為少祖山乃是駐蹕山住

華蓋三峯起帶尖
寶蓋三峯畧起頭圓

腳星凶猶是遠祖若是少祖山則自出山下去穴不過數節如節數太多離主星遠力輕氣弱又須再起主星方妙故凡美地必起近穴少祖山而少祖之山必然奇異特出達秀拔光彩或開大帳或起華蓋寶蓋或作三台玉枕御屏諸般貴格或成冲天木獻天金漲天水熖天火湊天土等星辰既有此少祖山合星體成龍格定方融結

論龍父母胎息孕育

龍之起身發脈必有高大山巒謂之太祖自此而下辭樓下殿迢遞而行又起高峯即謂之宗復行逶蛇奔騰磊落其間小可星峯則不必論直至收結作穴必爲再起高峯

過峽停頓起異衆山謂之少祖。自此山下，或起或伏，或大或小，或直或曲，但以玄武頂後一節之星名曰父母。父母之下落脈處為胎，以禀受父母之血脈為胎也。其下束氣處為息，以父母之懷胎養息也。再起星為玄武頂為孕，如胎之男女之頭面形体也。融結處為育，以孕之成出胎而育也。自少祖山至此最關係處，須是合諸吉格，束氣情切，護衛周密，乃以為吉。

論龍入首

未論穴中來龍，且看到頭融結，只於入首穴後二三節四五節內以至少祖山，審其龍勢起伏逶蛇活動閃撥頭面端

自少祖山下入首結穴下構定大起伏以為生蛇擺動謂之

水木蘆鞭吳公口訣云入首節內有蘆鞭當代兒孫中狀元

正星峰秀麗枝脚隨身及有後穿轉變台屏蓋帳走馬串珠蘆鞭王字工字个字拋梭展翅飛蛾種種貴格兩隨從之山及本身枝脚又起峰巒如倉庫旗鼓天馬貴人笏印金箱寶劍文官武庫天乙太乙等形以來送之似此之地結作真者大貴大發福速於當龍之穴次於入首近穴數節內為緊發之人之遠祖雖為王侯顯貴已在數千代之前矣於其祖父貧困之脚送為賤役及其身蓋除行不振則遠祖之顯貴其所庇數千代之子孫哉遠祖雖或貧困至於祖父兩振起為王侯顯宦則其一二代之子孫或受蔭為官或貲產巨富不能藉其餘澤以享富貴遠祖雖貧何害而

尋龍記云若坐後龍帶倉庫下了富豪富金櫃相隨公祖來聲聲後顯推一重山來為一代說了時師會

論祖宗

祖之最高最遠是太祖則謂之祖太祖之下分枝立派處是少祖則謂之宗此又非近穴之少祖也

祖宗星峯或漲天水、或獻天金或出陣貪狼或萬笏廉貞或簾幙、如帳、或展誥如屏星、若偉立梗帶誥軸其多主貴若陣融豐厚有倉庫其主富若孤單壁削東遇鬼西遇劫其質寒、若外斜死硬前被拋後被傷其畀殿

論龍出身

大凡正人君子皆正龍中出之地所種孕亦氣類相感召自然之理

龍之出身乃祖山發脉離祖分行處或橫、濶潤帳而穿心出脉或連起數峯而躋拔不凡或辭樓下殿而磊落或疊雲聚蟻而纘紛或五星聚講或七政班行正穿正出中起中落夾護拱照窠象軒昂枝葉繁衍步驟活動為出身

身好

論龍行止

蓋龍原其所起穴乘其所止凡山勢奔走不停水勢峻急不環門戶不關羅〻城不衛皆是行龍若止則玄武頂首尊重不動葬書云其止如尸下手山逆水回抱左右從山變收朝山逆來止於穴前如拜如伏其大止生諸山諸水亦不止也其水必數原齊會或深潭或〻〻玄武灣若逆遠來或聚如鍋底浴住不散葬書云洋〻悠〻尚顧欲留是也大地止聚〻處必堂局寬而水口窄必有北辰華表捍門禽魚曜羅等星列於水口重〻關鎖若

門戶不閉或乎關鎖而低小或一重遠一重一山低一山之至大

融結纔乎小可結作亦易衰敗

論背面

面背在乎情先情之分開面處自然光彩齊整秀媚

好看背立處自然巉巖破碎醜陋不堪凡大小山嶺其

山枝腳皆乎背面肥飽撲突峻急粗惡無枝腳而凹

瘦凌夷出乎背秀氣出乎面祖乎祖之背面砂有

砂乎之背面穴有穴之背面經云若是面寬且平若是

背多陡岸若是面朝外緩縈迂環抱入懷來不相似

背邊風蕩散是也平洋穴須開口方乎懸標既乎翻

只自己內堂既正自有案山凡案山亦須与朝水口訣云穴正明堂正案凡山与水朝是也故平洋以開堂辨背面

論聚散

凡審得聚散明白真氣可乘堂氣可接即玄云陰陽强弱生死動靜向背分合皆舉之矣然聚散之理易而難眼界欲極大又欲極細能極大不足以知大勢之聚散亦極細不足以知隱微之聚散聚大則地亦大聚小則地亦小而入首之聚散亦大小一為聚則是散則非

論辰戌之說

自古英雄豪傑斬砍自由掃除凶惡未必非乾坤子午辰戌之地而形勢之張牙露爪星曜飛揚之稱是為不如是則威令不張而禍亂未易平也故天下之事不可無此人

大小辨

大地之勢而无形病在穴非病也言穴醜也小地有形而无勢病在龍非病也言龍弱也如出局觀之祖山尊貴龍身特達遠山遠水无不照應羅城水口无不重關及至內則堂局寬濶本身不生龍虎穴情隱拙此勢有餘而形不足也若出局觀之祖山不貴龍身不顯四顧少情門戶少閉及至內則明堂緊密龍虎齊抱穴情明白一見了然此形有餘而

勢不足也倘形勢兩美此地更大今術家只知穴形之美不知龍勢之妙以小為大以大為小甚至以大為假而棄之豈不深可惜哉

要由近而遠一在貼身之蟬翼次在左右之龍虎與坐對之朝案若官鬼曜禽並水口之破俱不可略但得龍得穴然後尋其証佐耳

真音要訣

地理之術上古惟以龍穴後人增入砂水以便斷驗禍福究其至理全以生氣為主龍穴為本砂水為末不過出於山水順逆之法陰陽呼吸之氣聚散分合之理性情向背而已

且地理之要先龍敵其祖（形以特達為尊）宗聳拔龍身活動一起一伏踴躍而力斷而復斷脫卸生殺愈剝（星以剝換為貴）愈換愈加嬌嫩粗中復細分雌分雄中心出脈重重穿帳而峽有迎有送

有纏與護過峽束氣蜂腰鶴膝有扛有護過脈不被風吹兩邊橈棹隻隻相對至頂明淨工得星辰龍降虎伏左灣右抱朝山秀麗特來與情明堂端正水口交結羅城周密四方無缺藏脈結穴陰陽分受窩突分明兩臂開靜上下合並圓正對官鬼齊備左樂俱全內外之水無不回環內外之山無不拱顧自成大地後山要推前山要堆左右要回穴場要限明堂要開流水要來朝山陳先生口訣云穴要限了限砂要堆了堆水要回了回

橈棹船檝也在旁撥水短曰橈長曰棹

地理備旨

地理一書諸子百家千論萬談不過山水兩全周圍無缺藏風聚氣而已入山尋水口水口關闌氣脈全登穴看明堂明堂裏面為平洋明堂裏面傳瀦水第一寬平號為貴明堂

論明堂

水朝明堂或流左或流右纏于玄武而去翻為逆勢

多有〻水朝堂
抱左而去若水繞
白虎亦然
纏玄武繞青龍
甚不易逢秘要云
龍邊原筆入雲霄
金樓占鰲魚頭虎
上高峯必頭鎗新
任作官郎

如掌心家富斗量金明堂如簸箕子孫窮到底或是龍全虎
要水纏右畔或是序生龍要水遶左宮穴中之窟須打窟中
平中得一突為奇 遠而不近貼
之突若突棄窮源千仞不若平地一堆外鎖千重不若案如彎
身入懷
弓案山名可取用定是四面関闌朝對不必眾大以小為尊眾小以大
為貴可喜其龍序生峯龍虎要比和寧可龍欺序莫教虎
欺龍發福悠久定是外纏玄武發科及第必然水繞青龍穴
前忌見深坑背後須防仰瓦更忌交路遶脈不必近朝為
人至子出因水破天心是子去家定是水冲城脚水不亂潭〻則
氣聚山不亂聚〻則氣止

披肝露胆

劉伯温

天狐天角二星名

天狐頭高如飛如鵝頭纔而陰為雄

天角頭圓而身厚為陽為雌雌雄相須之道也

識龍須識生死訣，不識生死全是從，屈曲活動龍之生蠢

祖直硬龍死絕，東扯西拽龍翻花，分枝劈脈鬼脚尖利

破碎龍常殺，歪斜倒側龍醜拙，無峽無從龍孤單曠蕩平

夷龍懶坦直來直去，無出折死鰍死鱔，不結穴分牙露爪形

龍當行藏牙縮爪，龍已停，天狐天角（音六）龍欲渡，蜂腰鶴膝龍

已成，峽夾脈短細龍束氣，陰陽分受龍結地，斷而復斷（斷續形勢為峽）龍脫

御煞穿田渡水龍（穿田現微頭之支形，渡水覓生成之石跡），過峽中心出脈，龍穿帳貴賓分正龍入相

貴龍重重穿帳出，賤龍無帳空雄壯，貴龍多是自穿心去富

龍只從旁生上帳，慎多時貴名隻一重只是富豪樣高尖

而雄低為雌，雌雄交會方融結，大山忽小粗中細，纔見雄後雌出

熟視小山忽大细中粗跌雖後雄必结地崎嶇險峻龍龍怒踴躍
翔舞龍龍喜怒龍多翻作假穴假穴人見多歡悅左右灣還
来相抱前實後空不相照穴中好看盡不成外山外水皆無情
應樂不真官貴鬼假全無侍衛並送迎毒龍專一结怪穴龍虎
左右或不全怪穴人見嫌醜拙穴拙畧合自分明定了陰陽分
窩突龍虎左右或不全時師便言房分偏不知外山隨水抱
救得房分俱一般凡是真龍正面来身雖低些頂不外撓棹却
是蝦蠏脚兩兩成雙相對着一心一意戀结穴並不斜側顧
瞻別真龍定然了迎送夾從纏並護無缺空撓棹向後龍尚去
撓棹向前龍已住常倉常庫是富龍常旗鼓帶是貴龍

看龍專看龍過峽峽其穴情一般法過峽有扛又有護免被
風吹脉脊露過峽無扛又無護風吹氣散龍虛度過峽宜短
不宜長長則氣弱力已殘過峽宜細不宜粗粗則氣濁穴已無過
峽宜狹不宜闊闊則氣頑殺不脫過峽一線短又細蜂腰鶴膝
束氣聚硬腰過其仄角過或亦結地猶堪下軟腰長過不堪
裁氣弱無力束不束焉知束氣不束氣萬物結菓先有蒂
焉有結地不結地請君但看吹响器入氣孔大氣多失散入氣
孔小氣乃聚真龍眾山皆回顧唱喏排班列兩邊却有朝
山在面前端端正正若朝參朝山直來尊少非真龍正居
不朝人總以有變化者為龍無變化者為荒山

管號詩括

漢　管輅

觀山必目要覽清須識行藏隱顯形夾輔龍尋真向府出洋
龍看好羅城尋龍未可妄登山先看宮城向背間次第尊
卑分首腦但將肘腕勢求端尋龍主為先認主為宗稜徑
當由水路通纜乃明堂舒敞應纏音拱輔是真龍容易
論山必先憂于翻覆貴精搜（先論夾輔龍）祖宗要乃真苗裔脚手先
須認去留輔門先須要山重鎖夾室直防山鬭頭重鎖明堂
氣停蓄闢頭成覓水須流際來須（急脈緩受）向寬中敞漫（緩脈急受）到為枝
葉要為横山至乳不堪下降勢須昭住變看收重横闌龍
方住抱穴出乃五氣鍾朝入雖然猶脫去也防為直直來沖

筧以竹通水

鹽指即食指
根者氣厚雌雄
對者左右抱也天地
人者即蓋粘倚撞
虎口者即大指旁塩
指也

論平地脈

明堂隨水轉轉交去勢停蓄在上纏誰子富饒何足道龍
攀端簡拜龍顏高高山背設鉗不見明堂敞面前隔絕干（最易誤人）（俗人見此多言尾後落）
峰徒誰曾長槽溜（音囊）寬脫根原

捉脈賦

第一鹽指根貴大指根為最仰掌覆掌盡一般只尋大指根
如掌便安掌后骨如手曲尺穴只看雌雄坐實某宮血脈有何蹤
龍反入寨隨水出宜接掌後骨
天地人穴雌雄對虎口穴為貴

陶侃 晉

來龍祖惡真穴難裁去水直隨退敗田牛兩指則虎口為貴（掌心穴）
中尊則倒變為奇小指乃為當穴名柱貴心機變脈齊
到小生為先退長退短二者為（是）真

胎腹經

平地之脈氣行地面如草蛇灰線微茫認出脊背畧斷斷數

論山岡脉

夫生氣被傷散而飄風惟石山帶土雖開斷亦空處反爲害（鑿亦不可太深）貴之應脉從右落而倚乎右房之起家脉從左落而倚乎左嫡長起家若從中落多發中子龍頭破碎禍長子虎頭破碎禍少男水衝龍頭長房破水射虎頭少房災龍欲止時忌以單龍獨住時有包藏凡是龍過峽度關尋貴人在位必須左右侍衛擁護正脉乃爲上吉看龍之法若見串項隆脚繃（音崩）面反翅破頭偃腹瀉胎陷胸突背傾肩斜臂鬼唇凹背直脉皆詭龍也若見仰掌雞窠勾夾旋螺水繞山回是真龍也山之正行而反側其凹中結聚山之反行而正倒者擊起結聚山之俯其上聚山之仰其下聚山之中生

論祖山

而左右俱生三停結聚其次要先看巒頭聚講或下帳帷如龍樓鳳閣如樓台鼓角如三台華蓋如列戟排筍起祖之宗或合五星正形或合九星正形於衆山之上自起一正星其真龍必穿帳而出或辭樓下殿結或陽之結或陰之結或分枝劈脈結或閃跡藏宗結此皆自可見看祖宗巒頭之貴賤則可知子孫穴場之貴賤也看真龍必須看真砂真砂真龍其生氣團聚者是也其次以其雌雄者度是也真砂其蝦鬚蟹眼者是也

入式歌

余芝孫 宋

祖龍高頂名樓殿（尖者為龍樓平者為寶殿）常有雲氣現環繞名為聚講山根蒂莊（特達超越前去必有作為模糊醜惡前去）

論龍生死强弱順逆進退

莫向生是低昂步節自死是生起伏强是奔走勢力宏弱是（必至融結以魚躍鳶飛）（如猛獸出林）
瘦稜嶒順是開睜向前往逆是坐後去進是龍身節節高退（五星拱水朝）（後山節節高一節）
是衛龍條生强順進皆為好死弱逆退最為凶龍行過峽（跌斷處謂峽）

論過峽

脉多四正出左右次回頭頓祖九出奇穴伏下前知向首峽口（曰正出曰左出曰右出曰回頭出正出則穴宜正左出則穴居左右出則穴居右回頭出則穴亦回頭）
龍預定一峽一穴正兩邊纏護喜成形切為怕賊風落處穿

論開帳

帳為中出角落未為吉兩重三重開府衛一重只是富豪家

論剝換

若有貴人居帳下須積眞身須退卸剝換粗出細凶星變
吉氣老龍抽出嫩枝柯跌斷不嫌多崩山洪水難尋脉石

論護從

上留蹤跡龍上必生兩池能蓄（蔭）斯為美夾衛護送兩旁侍

肥龍要瘠護
瘠龍要肥護

天乙太乙峙兩邊龍先在穴前揖送龍穴後互纏龍纏過龍（一重護衛一代貴十重護衛宰相抱）

論出脈

初落中落末落分落

序前托龍居背邊欲作穴時看出脈原有十二格去來偏正與短長高低要審詳更有曲直並斷續吉凶皆在目初落由來近主山局勢必須究中落餘枝作城郭吉氣於斯泊（音薄也）末落名為大盡龍氣勢最英雄分落後龍劈脈去串貫還要取直龍原是撞背來中出貫徘徊橫龍原是從側落逆轉須磅礴回龍原是出翻身顧祖要逆迎飛龍原是結上聚昂首真奇異潛龍原是落平洋撒脈自隱揚橫龍出穴必要鬼樂山宜後峙側身龍雖隱復現脈向行時見龍要前逢水界截穴向先中結第一莫下去水地立見退田計第二休（上薄而下尖）尋劍脊龍殺師在其中第三最怕坳（音凹）風穴

直龍橫龍回龍飛龍潛龍側龍

鬼星皆與穴星似識鬼便是識龍精

假穴必年正應

跌穴定人丁絕第四尤嫌年葉山衣食必艱難第五最怕明堂跌洪是破家業第六偏增龍虎死合主分離凡入鄉村看倒落後龍貴踴躍一山出面合星辰方應便爲真明堂聚而氣左右抱送迎一齊到若是動時分四象脈息穴居突狀脈是乃脊暈中生息是再成形窟居是乃窩在平面突是抱形見脈象兩并分四樣蓋粘并倚撞脈緩用蓋急用粘直倚横撞尖息象開并乃四類斬截并吊墜息短用斬長截高吊低墜窟居象開并乃四訣正求旺架折窟居狹用正濶用求深架淺折收窟象兩并乃四法挨併沾斜插單突用挨雙併中正斜倚插回脈中間行五象行因体勢

金星高者為太陽，低為太陰。太陽肥飽面為天罡，太陰飽面為孤曜。言其正体，何以星名，而飽面則不成星体也。木星更名紫氣，以其有化氣也。水星更名掃蕩，以其暢迭也。火星更名燥火，以其秀麗也。土星更名天財，以其端厚也。

圓直曲尖方五行分配五星名緣形勢又為四樣湊成九星
變九星圓者歸太陽太陰圓帶方圓而曲者名金水木星直
為尖方是天財三腦分均（有正体有雙腦有均腦）月腦土金身雙腦（天財變体）合形名金水（天財變体）平腦土星（天財正体）
是作名大吉是為高辨別存分毫頭圓兩角腳拖尖尾便是
天罡體頭圓腳直孤曜為燥火尖似槍掃當一身渾是
曲四者為凶區凡設星辰須對面九星容易辨金似覆釜兼（太陽）
仄（太陰）月木星頭笏（仝上）差別水似生蛇腰帶回火星尖角鋒頭砑
鐵土星（直平為赤為土）厨庫更盈（覆）環取五星真口訣貪狼（木）頭笏笋初生
巨（土）門走馬房風列文曲（水）排衛似柳枝惟有祿存（土）豬屎節
廉貞（火）梳齒掛破衣武曲（金）覆頭圓更凶破軍（金）破傘掃撥簡

輔弼雌雄如滿月太陽一星金、即左輔，高圓覆鐘鐘釜太陰都是
金右弼轉傳形迹方更圓金水原來名武曲三腦如金宿木星
惟號曰貪狼一尖直更長天財誰識巨門體三般頭腦異天罡
正照破軍回脚下出尖峰祿存回一類撥拳最相似燥火廉
貞實一名尖斜芒掃形掃蕩屬水配文曲斜拖帶一幅此是
巒頭正九星體認要分明

論巒頭

豐圓光淨爲巒頭乃坐立卧側四体端正如大武金字立曲
冲天木橫卧如天財土側落如土角掛金二脚轉水四体之形不
外五行情則貴厚則富瘦弱與質偏枯則賤乃四應高峻

圓淨爲巒形
墜穴粘蓋身
穴逆体斜穴
倚鞠躬穴撞
昂頭穴蓋

昂頭以就上聚其穴則宜蓋有四應平如覆躬以就中聚其穴則宜撞或四應低伏潛隱以就下聚其穴則宜粘有四應在內翻身以就祖宗其穴則宜逆或四應偏左則斜而從左宜穴則宜倚四應偏右則斜而從右穴則宜倚

勢

大頓小起尊星端正之情奔走也踴躍奔騰起伏轉折行度蜿蜒中也屈曲盤旋情軟善慢也下是皆正降又偷蹤左右而過其或斷續絕隱没而來者有正入首而橫抽者或倒落頭而正出其有如萬馬自天而下其或如金龍蟠雲者或如蒼龍出洞者或如驅馳山坡者形狀百端皆為特降尊

貴起伏生活經云若是真時斷了斷又云一堆復一堆富貴

自脈胎

意

四應環拱三關交鎖十字登對左抱右顧前迎後送羅城列宿之拱極大會之百川之朝宗不寬不迫不敧不傾或脫宗離祖而坦然中起或反身逆跳而轉腦回迎撒漫其情意不專反側其情意不住乃意其如君臣之朝會先意其如行路之不馳

情

穴當真情必辨入首或隱而顯或無而有不偏不側不峻不

迫隱然不露于中之緣究竟開鉗結穴之窩或中出而橫傍或斜行而歸正或開堂而合襟應現或加聚而分界微茫是為有情

論大勢 看地先要知大勢有百里來龍方有百里局勢千里來龍方有千里局勢左右各隨龍穴力量所以宜由內及外勿舍近圖遠

主客左右及旗鼓羅星水口之類障空補缺不陷不跌大勢之聚而山川融結大地有大勢而無小形小地有形而無大勢令人多不明聚散大勢若聚則奇形怪穴而愈真正大勢若散則巧穴天然而反是假古人之葬多奇形怪穴非好怪也良由得大勢之聚怪亦以為常也今人於大聚之中乃拘於形穴而穴不開者何其陋哉 此言羅城包裹之大勢也地之大小以包裹多少而分重數多者必是大地

勢之大者有百里周圍其次有二三十里又其次十里五里又其次大勢薄地作一穴其外有情無空缺看他外山抱數重重數多時最妙絕

有障上貴人即出障貴人障中貴人即入障貴人在障下貴人在出障之後也有障閃帶旗鼓文筆劍戟主貴亦帶倉庫主富

蜈蚣節已為難遇況閃帳穿心乎至貴人倉庫兩邊帶者尤為少見

論閃帳穿心

如人之肩有翼闊者十數里或五六里狹者二三里或一里遠大至二三五十丈者只謂之小穿心餘止蜈蚣節而已若三五丈者亦不足謂蜈蚣節不過為正出之龍耳然另一種假穿心祖宗不好中間有一二節亦氣旺者却亦穿心及穿出又是不好故不融結非謂正穿心亦不必多見十數節間見三五節或止一二節但要前後皆正穿轉變不離（氣脉不散）穿出之後或之立飛走或織梭蘆鞭或蜂腰馬頂或鸞鳳飛翔只須龍脉真不必全泥穿心又有一種穿心兩角高厚自帶倉庫主大富又有一種閃帳之後一線穿出立秀峯者帳內貴人也主大

開障帳而中出最為有力金水障帳為上矢水星次之要如障幕兩角分明有帶下垂

貴又有一種穿帳之後兩角特起圓峯不圓齊身兩邊者是巨石在左為天関在右為地軸形類龜蛇串珠印劍等格尤妙

高聳端正者暗庫星也主大富經云若還執一去尋龍行

遍江湖難逢一地出正為大穿心設

推斷龍訣

吉凶須要識真踪取用之時挨在龍轉換在何方位上生人年命必相逢如龍從子午卯酉方來轉換成吉星壬子午卯酉生人受蔭富貴隨龍輕重斷之凶龍亦然

古云山朝不如水朝水朝不如水遶水遶不如水聚水朝而如則要逆堂逆則財招水遶則氣全氣全則福綿水聚則龍會龍會則地大

論入氣

款素曰入穴星辰正出者氣從頂入側出者氣從耳入此謂拂頂拂耳之說也設葬法名字也今俗師以為真者氣從耳入棺非也若葬路中則氣如炊飯滿甑皆有氣豈真在頂耳之入乎武陽為君子多正出正入陰為小人出入不正但正入恐犯沖腦宜用緩受之法須撩山劈硬退出平地立穴庶可避殺

推斷砂訣

看貴砂在何方見此何方命人受蔭木星乃貴人之號如筍端正尊嚴雖貴至執笏拜相如笏端正尊嚴雖貴則為邊帥如笏筍欹斜雖貴只主過房子並外甥貴此謂笏山倒筍山斜富貴為在外甥家文木星欹斜為

相縣佐貳如太陰文星分明而缺陷者主少年才子聰明而夭折若觀方位以分年命文以左右長幼推斷如太陰低瘦而成賊眉能貞主出女貴缺陷主淫又有平地賊眉不分貴賤主風聲如天財則成馬祿看在何方上主生年發貴武生貴子

形格

不外五星之合五星而成格者武一二星聚成格者武三四星聚成格者文武一星獨秀而成格者不可以例而拘如五星相會名曰聚講五星迭降名曰連行五星各應其方名曰歸垣言五星而九曜可知矣如其不然聚而殘缺格木強

木聚為鳳閣，土星土聚為寶殿，金星金聚為金臺，水星水聚於
聚為瓔閣之類，星聚稍運行空異也，有正有偏，正者中高
而兩邊肩腳勻停，偏其邊高邊低，有邊空層數多為
尚，而一層橫列名格也，或去帳中高兩邊漸低而小星層列
在下，或去帳平列在下而小星層列疊于上，俱成貴格，若有
貴人出帳入帳，無貼稀逢，或旌順行，見貴人等形，如美女形
之直聳者為樓為閣為殿，橫闊者為輦為車為帳，旌樓旌
車聚氣火星也，火主威，每應夏官以掌兵，一說旌車是土星
端圓而頂工復起一峯泡者乃土生金也，為帝制鳳閣鳳輦聚
氣，木星也，木主文，每應春官以典禮，一說鳳輦是土星之

上有火星乃火生土也為后制寶殿帝座聚氣土星也土主財帛在地官以司錢穀金鑾寶閣聚氣金星也水星也金主斷水主智又多手乎刑名文墨又龍為君應男鳳為后應女而寶殿應男金鑾寶閣應女又隨乎龍局以為斷耳也如金星木星火星各自相連直下為天梯土星連氣直下為天堦階水星連氣直下為簾為幞連氣橫作列為霞被金星連氣橫拱為錦雲何云二星三星相聚成格也一火架於土屏之側為宰相之筆兩火列於水屏之上為駕仙之橋三火齊列土屏三公文筆可擬數火並列土屏滿床牙笏可誇數火纏於金腳肥而為鳳巢火纏乎木腳瘦即是

鵲土星帶木帶水為獅為象帶火帶金為虎為駝金星中高兩低為御傘金星腳飄兩摺便是趙旗金星帶水走長或為帶珠帶滾地之梅花金星帶火角低為蛾眉帶水帳則為鞍台大小相等排列土屏之下為冕旒之格水星帶土橫列九級之高即是玉階

何云一星獨秀其龍穴湊聚而成格五星各成一形或一星而成數形或一星而兼數名此一土也高潤為牙床（為御屏 低潤）低狹為倉平而高狹成頭鼓兩高中低為誥軸一高一低為天馬若榜誥敕文金箱玉印挑圭之類隨形而名此一金也中圓垂翅為屏帽走馬玉束小為葫蘆鞭或為圍為庫為鏡為梳或垂

軍而堆甲武環鐵合金章如一水星也橫疊為被直垂為簾中夾天地一窩為樓船出海勢降鼓倒山巔乃九天充帛陽地隱泉時見於平洋漲天巨浪多形于山壠如一火星也工臂為文筆冲霄下垂為文筆蘸水捲之山壠之氣剛火星以遠為尚平洋之氣柔木星以近為勝如一木星也火頭為腳為旗纛橫列直鋪為劍尖挺豎直秀為貴人遇武格為將軍遇鏡梳為粧女俱可意會

山工文筆宜遠在天者斷法亦然元筆在千里雲霄出

尖峯秀頗端立為文筆尖峰欹斜開又為畫筆

文筆

文筆乃是火星之高端正有情不拘坐起眠倒先論穴之前後左右遠近眼見即是名不必出于巽方荊山陳先生曰

授秘訣云前尖答後尖必定出狀元地書曰一峯秀出一登科雙峯兄弟同科成遠峯列筍天涯外文世韓柳爭齊名

龍虎

龍虎二砂乃本身兩手也譬如人之於食兩手得其用而食方入口穴之於水兩砂得其用而水乃入口若一肩臂彎抱而指掌反撒則水便漏洩故曰護衛穴場在于肩臂而收水成功在於指掌古云砂頭腳腳者即手之指頭也龍虎均出於穴星兩旁齊來相抱名為正體或一股向前一股縮後名為單提又或一邊是本身生出一邊是他山相配名為單股變體或龍環抱虎短縮虎環抱龍短縮名為左右仙宮或龍

抱過峽。抱過龍者，為左右纏繞以抱其脊，雖不回而收水
成功，貼以正体一也。或本身無龍虎，借用隔河隔畔之山，亦
為龍虎，若為本体，雖無本身龍虎收拾，然星体端正渾
元一氣，如大貴人袖手端坐，而前後左右無不擁護拱向；
龍虎雖開，且外山來作龍虎，則外來衆水必聚歸當面，
而穴乃水更多，力量更重，極大地結作，多在本体穴，又不可
因本身無龍虎而忽之也。或又一邊單一邊雙，名為左疊指
右疊指、左雙臂右雙臂，其又或兩臂直前，借外橫攔；或
又兩邊短縮，僅結龍穴；其或又兩臂開張，名為張山食水者。
總之名義不一，大要不過一遮風收拾，在穴有情，在主不欺，斯盡

拱衛之道矣。經云護從多處到穴前三重五重福綿延
一層護衛一代貴護衛千重宰相地兩重公出曲曲崗城一重亦
出丞簿尉護從愈多則地愈大
吳公口訣云拱辰是石山岩崖巍峩雄昂高插峭壁巉巖崖突
兀奇怪生耳生角生嘴如將軍如判官如小鬼如卧龍如麒麟
如獅象如海螺如飛鳳如仙鶴如猛虎如展旗如堆甲如涼傘
如走旂如鐘鼓如鎗刀如幞帶如擺笏如筆架挺然拔聳萬
仞巍峩屹立堆疊於水口之間望之而神驚就之而心怖峻
嶒峻嶮怪異驚覺巖者是也若非吾説般古怪形狀則不可謂
之北辰北辰星極貴上格龍為禁穴不可輕洩中格為王

侯宰輔皇親國戚斬砍自由太華經云謂此星居溪中水
口或旁應左右皆為大貴

峽脉有法四
種可定枝幹

定穴法

地理小卷

唐　李淳風

來龍要活動要有降勢行度要起伏屈曲端正過峽要束
氣要有扞（音齒橫闌）若起頂正過者曰幹硬腳過者曰枝結地可
用惟軟腰過者結地必下易與易敗結穴要頂要乳要正反
有喜怒觀所坐朝對定穴之中正觀龍虎住處定穴之虛而
定觀龍虎先後定穴之左右龍要有力則倚左虎有力則倚
右龍虎低就避風就所坐下地穴龍虎高避砂合所坐扦
天穴論脉要八病如魚胞則小泡如葫蘆則非乳要起頂出脉
非硬曰貫頂如何不起頂非節串不所非珠圓要有脊非塊脉
粗大生死氣活動出腳能轉皮又要七凶最忌貫頂串脉露

胎棚面崩斷不分直長也貫其透頂出脈星峯之頭兩邊漏槽串其層疊直來氣脈不動無語其脈出於口或左右抽拔不拘之下偏重棚其平面臃腫如死鱉背全無体勢或横三四直參差名為棚崩斷其為斬不分其至大小曰受殺直長其曰死為吐殺張穴中大忌且以星辰〔峯〕行度定其龍即龍之降勢以定其脈有起伏脈仙帶脈平受脈起之伏之脈其大頓小起由脈之入路以取其穴是為秘訣脈有三種之起伏脈仙帶脈平受脈起伏脈其大頓小起內起應龍隨星峯高下而來者是也仙帶脈其內起應龍屈曲盤旋自星峯下飛落其是也平受脈其坦蕩平洋畧之體勢或之左之之應也

鋪氈展席者是也起伏脈其氣〻急也宜小緩變取穴如不小
不緩則以撞穴下〻仙帶脈其氣〻緩也宜於大急處取穴如不大
不急則以蓋穴扦之平受脈者氣〻散也宜於聚聚變取穴如
不聚則全穴矣應其脈應樂〻應乃來山出帳〻下起一山也三
種脈枝跳支跳行度〻條段也若內峻其腔其外而取平內高
其發其下而取藏內直外橫其橫截〻先緩後急其取其急
而正受先急後緩其取其緩而回迎後跳脫御無殺蓋武雖峻
無害如昂〻殺宜斜出變以迎穴下〻散亂其取其出覆月其聚其
鍾強拱於柔其取其〻柔〻拱於強其取其強如跳尾〻淺可藏納
變下〻如瓜藤〻蔓莖〻節目變下之低軟無躲避視其應樂之

突兀陷斷回看看其母直敢其直之進橫敢其橫之止

管氏指蒙 漢管輅

入穴觀形出穴觀勢結穴為形成局為勢聚外見洋高既危

於徼脚鉗前逼聚穴必秘於埋頭險隱之顛兮以寬平為

特結易野之旁兮以深邃為特藏洋洋萬頃兮斂集於一脉

層層萬仞兮平邇於四方是以東南（不怕風）兮不貴於屏障西北

兮不貴於明堂（怕風）來龍雖（兮）其一氣之真純在聚兮欲其挺特以

超群青龍兮欲其蜿蜒以顧主白虎兮欲其蹲踞而朝身

明堂兮欲其寬平而蘊蓄宮城兮欲其保壁而圍遶以秀

兮欲其瀦潭而不閃四勢兮欲其鍾而不悖三形兮欲其就而相

地之大小由龍之力量若不論龍穴貪砂水為假地卧誤者多矣

親：三形山水案也，四勢前后左右也

審龍篇

砂行水輔唱隨睽夫婦之情，砂繞砂回拜舞類君臣之象。班砂不很浸水似麟爻誰識方來之跡，砂水橫了砂猶勒馬孰知止扎之蹤。龍未住時其來如遊，龍既住時其止如伏坆。知水交砂會之方，乃見真龍入首之地。

尋龍法

尋龍之法，先觀分水處起山，步其行度，不頓跑山節節起峯，兩邊護送，障缺補空，并結穴變，左右周密，重寬案秀，水口重關為吉也。然順尋不如逆尋，順尋恐下去之字收拾空費

節數已多離少祖遠又再起高大山為少祖一節即入穴此地力大福厚極吉

心機逆尋百發百中要檢點捍门水城脅秘聽水方入其中收尋主山來歷採其父母祖宗之貴賤華蓋天乙太乙左輔右弼倉庫軍節之之星決然子不離母始終照應

尋龍歌

迢迢過峽并穿帳剝換成幾樣夾衛輔隨兩傍生後送更前迎枝脚隨身星轉反逆盤旋多奇特出是山家作穴龍定主起星峯主星大小此以少祖山言也星謂主星合龍格造化便可測言穴不宜去主山太遠也二三節內穴星成福力實非輕節數遠時福力小再起星方妙平地龍神因水勢認取原委二觀山定把龍為本吉凶方可準只隨脉上認巒頭莫向兩邊看從龍節数若遇肥嫩圓淨者主富高秀者貴尖斜逆削破碎者求高大星辰管一代餘福猶未艾若逢龍格小如低一代便衰微

主此龍必節教多者而後出人物多如乃為錦遠

凡是星辰為蓋送蓋送最宜重蓋星須為大如粗尖圓却不拘

送到左纏還右護時時更回顧若還稍好却孤寒僧道做高官

星從前脈為中出左右皆為輕好稍平兩方合樣兩飽何勞相

欹斜破碎浪痕高凶禍定難逃

消砂歌

大凡尋龍並點穴細抱前砂別龍若住時砂有情不住亂縱

橫穴若正時砂致用不正自飛動為直推來名曰朝不怕遠迢迢

一砂尖抱謂之倚刀兩砂相抱謂之交劍龍身兩邊垂下名曰龍身佩劍主出從伐將軍大龍髓經云側為飛劍非御史則出提刑前砂見之亦然

是隨龍先出來見穴頭便回侍在穴前分兩邊端拱遠客山衛

是護龍左右隨不怕四風吹中間最是朝山緊禍福尤為準高

低穴法取朝鹹高低齊眉低應心大抵砂形不須泥有情便為

論砂中八殺

貴賤要秀麗更尖圓無奈意不從並砂中八殺人不知凶惡最難醫射是一箭來向穴從配何須說探是斜山步露頭作賊不知休破是很痕直透頂淫亂總遊騁沖是橫來擁穴前凶禍自連綿壓是穴前砂崛起奴僕常反主反是出身向外走離鄉不回頭斷是腦下自橫很斬首全人葬來是斜身順水死遊傷不思歸

消水歌

入鄉先須尋水口留心莫亂是兩山相對似葫蘆真龍在裏頭若是龍住水聚不住亂茫茫穴若止時水便住不止也迢迢去灣環曲折皆為貴賤是直流去洋朝濟濟要蕩胸臨富盛年

尋龍要訣

量金面前若逢捲簾必定主墳房子直去百步不回頭是
退田筆必中為殺最難醫在人詳細推刑是水穴乃土水聚寡
拗鶴鬼冲是洋朝勢大雄穴小最為凶射是陽脉乃陰必初下
退田地破是必來穿羅城專妒兒女淫穿是一水穿堂過速
綿遭橫禍割是穴前和脚傍見債不知休罰是當面來向
穴口舌頻頻見射是一者為穴冲凶禍歲相逢

朝水大要穴星高大方可

外論水中八殺

明堂歌天子之堂向明而治百官考績之所聚朝獻之所歸也　余芝孫宋
壙地中央為明堂乃祭祀之所內大炳明陽德之稱
首天子至于庶人不可不立不可不祭

天子為皇堂
大夫為享堂
庶人為明堂

尋乃真龍雖正穴便把明堂別明堂聚氣作為奇不聚卻非
宜小明堂在員暈下立穴辨真假龍虎裏是中明堂交會
要消詳大明堂在案山內必須四水會堂殺原來乃十二有

明堂惜水如惜血
穴內避風如避賊

外論明堂十二殺

明堂須寬之主敗也。遶抱如遶纏遶向穴前須內內向內向弓穴水抱身橫對面抱來弓帶樣

一死吉地射是山腳入堂來遶配不聞回沖是橫山遶堂內宮司常見害崩是山摧嶮岸頹入眼作凶災缺是四圍多不足賊風侵已福陷是堂中多空虛坑羅賴半中生分是水超左右去債財原不聚傾是水反為過除下陵退田牛漏是一級低一級衣食常不給側是斜來向一邊去子不還圓斜是欹從穴前過歲歲常生禍通是前後來塞堂代代殺兒郎狹是左右相挨撥（音讚通也）須窮難過活四平明堂如蛛網最是人丁旺高下層層號御街雅喜入胸懷中低傍高如鍋底家中聚錢米屋出田塍（音成田畦也）倘為歸富貴復何疑堂局若要圓淨不物皆為病

寸金賦

謝子敬 宋

果葵其蓋兮剛抒其倚勢之降兮乘其來勢之伏、兮求其聚脈止穴結兮氣節兮麗八合須分兮三關當明四應貴全兮八殺宜避高不破圓兮低不失脈金魚蔭腮兮功忌溜牙直避其銳兮橫、貼其脊平抒其突兮高尋其窩形象之不一、兮窩鉗乳突作法之各異、兮淺深高下蓋粘倚撞、兮吞吐浮沉被連架折、兮順逆變加太陰角穴兮皆取淺施太陽硬直兮不畏深安金之處、兮乘其氣水之動兮察其止木直兮印節土厚、兮穴飢乎地突、頂兮必須抒頂高山出臍、兮果取安臍倒剪、兮審其動處架折、兮安其靜基星尽、杖

而局逼兮天穴定結峯巒正而聚藏兮中停必其勢之偃仰兮穴居足下形須左右兮擁為兩股

心經語錄

王汲 宋

愛穴之形欲高不欲危欲低不欲沉欲藏不欲露（蔽）欲顯不欲晦欲截不欲鬭欲特不欲孤欲吐不欲粗欲秀不欲弱欲頭不欲腦欲腹不欲臍欲鼻不欲唇欲乳不欲腋上猛不為頭下弱不失勢橫斂聚結偏斂其中大概所從來龍欲其離毋特立綿遠迢迢起伏頓息斷而復緒（續）左右前後而無分枝劈脉兩傍翼衛而無疎偏凋冷或平夷隱隱而無傾仄或嶮險峭山危危而特寬整正落頭收入而不散闊住腳頓從而不披垂拖撓

然拳頭至偏鎗尖射至覆釜馬蹄至流槎倒竿必如仰掌
々掌心如覆掌々虎口如牛々負軛如馬々鳴韁如魚々腮鬣如
龍々壁甲如象々垂耳如龜々鼓翼如鴕々肉鵝如鷄々鬪膊如
蜈蚣蝦蠏々鉗口如玉帶瓜藤々果節如卧獸々覆乳如金釵之
股頭如虹月々輪暈未自然受穴之證

風水口義

氣乘則風散界水則止若內來而倒左堂中々田右高左低而右白
捲簾棺必翻左水倒右名然文堂水高而低須翻而去其田漸低
而遠名曰捲簾至倒子虎飛虎兩宮不閉長々來定好水堂
水直真來直真射名箭水水橫繞膝內穿過名穿水皆主翻棺

大抵來水宜屈曲而長橫案宜近抱而隱若龍山凹風來長爲虎山降回吹棺者左主退長若虎山低小可免虎山凹缺侵凡龍皆二水夾出一邊大河一邊小溪一邊溪澗一邊田壟各名股明股暗但二水相合最忌當面名曰牽動土牛引風爲害二水夾出莫當前宜在左邊或右邊神仙倒杖須橫作下手雖空也從邊田翻身立向朝來脈發福綿綿如坐空凡相地須立於龍頭看水流去之方若見山頭邊水向上活動翔舞既段登穴看之朝應相對者方爲吉地又有橫龍倚南山終抱北山而去作南山向水反作北山則龍須奈何曰於二山之中必寬而平龍盡而行宜向水來處作穴所謂坐虛向實脫脈就氣者也極主發福山腳隨水而下名

曰退神也債山也捲簾殺也退田筆也饑山也若逆殺向上必為進神為衙刀為買田筆虎牙為節山尖牙為文筆大而山脚逆水吉故曰惟有下砂能殺人

陰契陽符

吳景鸞 宋

既行起則為節伏則為候兩節一候之間可辨龍之純駁穴後一節管近人之子二節管孫每一節管一代遇三吉星旺代必隆純則為福駁則為禍山推退連殺察陰行退於後其詩以候言山行於前其度以步言水水漫三年行一步水急一年行三步不慢不急一年行一步

如步數上遇深潭停清之處此數年財旺如遇飛走急瀉此數年必凶

逢僧問答

劉潛 宋

問曰窩屬陽乳屬陰何答曰譬之抽絲布葉生氣之行也開

陽穴宜淺陰穴宜深

又一葬法

空窩高處結作
左右必處結作

花蕊窩生氣之止也蕊之開花必然氣之發於外生乎而窩
蕊之藥窟豈非氣之藏乎內者乎而乳陰之義可知矣
陽之義可知矣陽發於外而淺以乘之陰藏於內而深以取之問
曰聚之使不散何答曰論真勢特而入首或繃或硬處窩處脈生
皆潤聚之勢也結至生穴生宜大開相兼則闊綳之氣隨陽動變
發都於中淺浮大堆以聚之生聚氣至妙之法也但要識乃豈窠
豈蓄然處方可問曰窩窟易察真偽難辨答曰陽浮之聚陰
之窩身之體前之微斂之勢後宜高仰聳之穴內處生稜角坎陷
隱然漸低中有肉毬生爲真其中陡然爲坎及窩太深處生肉毬
者爲偽若深而陡則肘臂連其氣不收于窩而旁行於左右矣若
陰聚之氣結脈微露而之受乳或隆而之蓄窟或漸隆而未闊餘

此玉筋夾鏝頭之穴也

論方向

氣多而界水不衛為真天節脈之前合流微淺或薄稍平鋪均答平緩則其穴近處就起上接下離為借脈此導陰會陽之妙也問曰陰變為陽豈有陽變為陰乎答曰天鉗坡潮蕩觀其微斂（斂）偏斂（斂）則氣族於偏均斂則氣合於中真毬口之驗也問曰鉗坡之內從低就斂工有前所臨頭何以不畏答曰水亦吾陰陽其脈平淺生陽會之所也其脈深窄生陰射之所也陽會之流又何畏乎問曰世俗以方向定穴何如乎答曰以方向別外氣之符應豈可以方向定穴之真假耶不可問曰吾龍（必）要（真龍）結穴何答曰龍無頭伏其病在形困跌斷過多其病在力倦（此說斷不可從）帳幙之下出脈不起山峯巒其病在力輕瘦破竹節其病在弱（亦有開帳而直出者）

真脉頭短（短又宜細）足縮其病在急迫頂破身漏其病在壅塞形雜
無轉其病在勢亂皆不融結

形勢辨

觀龍以勢察穴以形勢其貌（神）之顯也形其情之著也然勢無以見
龍之神然形無以察穴之情故祖宗要其聳拔之勢落脉要
其降下之勢出身要有屏障之勢過峽要其頓跌之勢行度要
有起伏之勢曲折轉身要其後撐前趨之勢或踴躍奔騰若
馬之馳或層級平鋪若水之波其有勢為真無有勢為假審勢之
法先要登高望之次從龍身步之再從左右觀之對面相之以其
真神顯露之處與其奔來止聚之處既自可得而知矣至於察

論乘金相水
印木穴土

形之法當辨其圓扁曲直方凹之六體究其窩鉗乳突之四格再以乘金相水穴土印木之法證之則穴情自難逃矣何謂乘金蓋五行中以圓為金以曲為直為木凡有真穴必有圓動處窩鉗之圓在頂乳之圓在下突之圓在中乘其於圓暈動氣之中也何謂相水蓋有圓動而乘左右必有微茫曲抱之水交揖於穴前小則暈內即蝦鬚蟹眼是也相其相定二水交合處而向之也何謂印木蓋微茫曲外必有微之兩股真砂直夾過穴前方過乃微茫水合於小暈即蟬翼牛角是也印其有此水必印證於此砂方稱為氣止而交若無此砂則水漫氣散非真穴也何謂穴土蓋有此三者又須有五土四備裁肪切玉之土方有

生氣

否則外班其內氣不相符合而非真穴也穴者如人身鍼灸之穴一定於此而不可易也苟四徵既具中間必有煖氣即穴也此察穴之秘法也

落脈辨

真龍落脈必須頓成星体開面展肩挺胸突背而大勢降下如婦人生產努力向前推送但對面正看不見其形左右脫視方見其勢此陰陽落脈之理也至於行龍身上落脈或起頂分落或肩旁落或硬腰落或尾後落或側面落或掛角落或偏閃落雖無大勢降下而亦與龍身磨轉成其背面稍有停留落下之勢其脈方真否則懸而枝腳砂体非真落也

束氣辨

龍將到頭跌斷束氣再起星體首脈結穴此正理也然有一等疑龍竟不過峽束氣而反結大地者如含山太湖吳進士祖地是也觀其龍之形勢自離祖出身以來不跌斷過峽不起伏轉（一片蛮鋪徑直奔來至將入首處歸一邊橫開鉗口抽出）折只一線微脈結穴甚是隱藏難以察識人因其無束氣多不疑之其殊不知龍將到頭抽細過峽起頂結穴則謂之來龍束氣臨穴化開鉗口抽脈結穴則謂之穴上束氣

生氣辨

能識脈之動靜聚散則尋穴不難然非道眼不行言之豈（易乎哉暈誠有形知其一定而得脈其視而不見可見道之貴乎傳也）

生氣固當以認脈為先其次又當辨之穴星如金之生氣聚於窩泡木之生氣聚於芽節水之生氣聚於灣曲土之生氣聚於

生氣所聚之處其上必有動氣動氣者何即凹突之穴暈也生氣潛於下暈形動於上如魚在水中一動其

水上自成一暈即暈可以知魚也故欲知生氣須熟察暈法認清穴暈方論上前落從猴左猴右之法

口角大大之生氣聚於水窟謂之水火既濟也其次又當察穴形如猴兒動在額門側掌動在合骨仰掌動在轉皮腕蓋動在鼠肉之類動乃生氣之機也故當以動為生其次又當察穴暈如暈上尖下圓則生氣在下上圓下尖則生氣在上圓乃生氣之表也故當以圓為生其次又當分陰陽如龍穴之雖其結穴必要生窩口龍之雖其結穴必要生堆要是龍穴相交之陰陽也穴之中必有上陰下陽上陽下陰之邊陰邊陽之陰多陽少陽多陰少有陰變陽半陽變陰半是穴中相交之陰陽也交乃生氣之情也故當以交為生其次又當看四應內四應其生氣之証也上面微起員毬為後應下面合水尖唇為前應兩邊蝦鬚蟹眼水輔翼

了當

斗角砂為左右應也外四應其生氣之輔也後頭蓋樂山為後應前面朝案山為前應兩邊夾耳山為左右應若前有情則生氣在前後應有情則生氣在後左有情則生氣在左右有情則生氣在右四應俱有情則生氣在中此以四應驗生氣之法也其次又當詳龍虎龍虎生生虎氣之閒也左右砂高則氣在高處砂低則氣在低處左直右抱則偏氣在右右直左灣則氣偏在左此以龍虎驗生氣生死之法也其次又當觀明堂朝山朝山其生氣之配也朝山高則氣在高處朝山低則氣在低處此以朝山驗生氣之法也其次又當審明堂明堂其生氣之聚也堂水聚中則氣在中聚於左則氣在左聚於右則氣在右此以明堂驗生氣

之法也故乘氣之法先當隨龍認脈因脈察氣次當以上諸法詳之庶不失生氣之所在得以乘之而無差也

分枝

一龍之來豈無前後左右分結其長者為分枝短者為劈脈幹上分枝自二三節至數十百里皆為分枝在峽之前後分者為上也要次之以長遠雄盛為貴短小困弱為賤

劈脈

劈脈者若人身之有乳也蓋在峽前峽後或正龍起尊星之處分脈出面而結也以半節為真若長則為分枝之結矣夫劈脈龍氣雖短緣其附幹龍旺氣之身在轉移顛伏之處截其旺氣

力量氣概自然分枝不同但局局得勢方稱上地否則但為掛結而已

四落

四落者大龍結穴有四種結法初落在近祖處即結作處氣勢雄猛者忌粗頑以秀嫩為妙主發福速而不久中落大龍腰結作要氣旺勢雄然只忌四勢逼窄以寬展為妙主發福厚大末落盡龍之結要局勢強旺羅城周密力量極大發福極久也分落枝結也枝結亦有高下以氣勢龍格辨之

五結

從龍頭正結者曰直結側身而一邊結者曰橫結翻身逆轉（直龍撞背來中出貴排細橫龍從側落逆轉須傍護回龍）

尤結須四應皆高尤至脣工聚力量最大貴重富輕以其水多不聚發也必有交牙關鎖為吉

曲翻身顧祖或逶迤飛龍結上聚昂首真奇異潛龍落平洋撒

向祖宗結地曰回龍穴結在山巔結地曰飛龍結在平田結地曰

脈自懸揚

潛結又曰騎龍結地在山脊上結騎龍曰三若來大去小去山開面向轉坐來朝去回順騎龍若來小去大去山閉面成星結穴前曰堂氣朝堂立向曰橫騎龍曰斬關地必曲騎龍二腰中有團聚局面可穴則斬其氣而閉其局或來龍秀美前頭出去變作粗頑其秀氣發有堂氣可以折作則宜據出水處斬其秀氣而折以上諸陰結作之常也至於變怪則有內結倫結難以盡言

伏羲皇帝地在崑崙山頂

文王地在水之

岐山之上

三勢

言山有坐立眠三勢也立其如人挺身而立其氣上浮則結天穴

作仰高（在山頂上）侃高（在星頭下）騎龍（在山脊上）等穴坐者出人出身而坐其氣中藏則
結人穴作壓殺（在山腰）藏殺等穴眠者出人平臥其氣下行則結地
穴作脫殺（在星體下）懸乳（在山麓）藏蹤（在平之上）窟（田之中）等穴是言上中下三穴又有左右中三穴
護送聚中二扦聚左二扦聚右二扦

地學形勢摘要

二

四殺

四殺者扦穴乘生避殺之法也殺者尖利直硬是也尖乳尖硬或飛斜尖硬則向高處坦中點穴壓殺氣於下曰壓殺穴也左右二砂外邊有殺氣則於中停不見殺處點穴曰藏殺穴星體硬殺而脈氣尖利宜于下邊袒褥平中下穴曰脫殺穴星體一邊硬直或飛斜一邊尖硬則舍殺一邊于一邊秀嫩處立穴曰閃殺穴名是蓋粘倚撞之意

四勢

如直來直受名之曰順之必左右砂頭緊貼交頤平閃橫坐名之曰橫之必下臂関收不見飛走來龍直來而脈從側落名（木星多有之）

一定不易者

要令人心中有

主

之曰斜斜則貼身案山最喜傍還抱擁來不能直來而入首回轉

名之曰逆逆則收盡源水最喜悠揚而朝

砂鉗

古怪巍峩皆未善崎嶇嶮峻總凶頑倒仄外斜最不祥粗雄

突兀豈為良破碎稜層如劍鋒斜飛走竄盡凶殃尖圓方正為

名三吉秀麗清奇為好山圓者不宜粗臃腫尖者最忌瘦巉

岩生砂柔軟如弓樣死砂硬直似刀鎗貴砂尖秀主筆為富砂

圓正庫廚倉富則銀瓶并蓋注貴則玉印與金箱順水順砂

名退筆逆水之砂曰進神一砂斜竄一砂飛蕩翻家財蕩往

基更為外山背走去路死他鄉不見歸砂若直來如射箭家遭

金土低平為倉庫大者倉小者庫也

小山上尖頂者謂之銀瓶圓平者謂之蓋注

楼台鼓角高而圓者楼台高而尖者鼓角一說高尖為楼高平為台

高員為鼓高秃
為角

出禍年年見左長右三中次房次第吹來年年不驗龍虎須為
出抱身昂頭踞亞悲傷人莫教齊到兼來利全胞兄弟也相
爭青龍若竄過西宮長房財產盡皆空白虎竄兮幼小敗
兩宮禍福一般同過宮頭轉左右將碍長房人產反豐隆玄武吐
舌名退筆必主中男破敗出龍虎裏面小明堂須合際淨平寬
蕩若是砂堆散并石塊墮胎盲瞽見刑傷外堂也要地寬
平功使出砂形得眼睛最怕離披并散亂偏嫌混雜不分明朝山
遠近要相當不宜主強對賓強過須低小方為美遠則高大
最為良惟是有情無別意方為真案可朝拱最是無情不
相慈秀乃主聖也虛閑無禮體獻花真是醜蛾眉粉黛空費朱

論朝山

顏探頭側面男女盜開脚掀裙女犯姦富貴班班並在龍穴秀氣須應在朝山筆架衿君應主多儒象牙笏世為官金鰲玉檢翰林院玉几金爐學士班橫琴聯令知州職玉屏附馬執朝剛序帽模翻背藏貢綵花羅積堂黃串文筆殺珠并展語舉人金蓮玉虎殺芳風閣龍樓真宰有狀元榜眼探花郎

水如眠弓富貴豐隆水如玉帶登科發解水來彎環朱紫朝端去若之玄朱紫朝天隨龍水到石繚偕老擒過穴前呈祿齊年水繞七星學似工斜來若生蛇富貴榮華水若朝墳福蔭兒孫水若一反費盡田產

水法

自然水法君切記無非屈曲有情意來不欲冲去不直橫不欲返斜不急橫須逆抱及灣環來則之玄去則折澄清停蓄

正自少祖下界送龍勢生出發左水短則右水長以合之右水短則左水長以合之正自入首星下界水龍虎生大抵左淺則右水深以界之右水淺則左水深以界之至于穴場亦蝦鬚水有蟹眼水左明則右暗右明則左暗明堂此体橫寬抱為吉明堂惜水為此處最忌水傾最怕風吹風不

定為嘉傾濁急流亦何益八字水開男女淫直來直射損人丁左射長男必遭殃右射幼子受恓惶若然水從中心射中子之房禍莫當掃腳蕩城子息少沖心射脅孤寡夭反跳人離及財退播簾頭房禍不小澄清出人多聰俊汚濁出人皆愚鈍大江朝來田萬頃暗拱爵祿食五鼎飄飄斜出是桃花男女貪淫破敗家又主出人好遊蕩終朝歌唱逞奢華屈曲流來秀水朝定然金榜亦名標之玄流去生婦得出聰明俊偉郎雖然不得狀元第也出清奇翰苑香水法不拘去與來但要屈曲去復回三迴五度轉頭穴隱隱春意不盡別何用九星并八卦生旺死絕皆虛話禍亦福福亦禍斷貴賤還須龍上看龍若

奈何俗人多謬于天星八卦兩事意會可耶

設水不拘関閉
然前全美矣
要外山抱裹
帶內平洋

貴時砂水貴龍君賤時砂水賤

明堂 明者以陽氣過而翕聚而明也堂者以其圓淨也 夫明堂者王者受天下朝賀之所也今地而論明堂其即相似

明堂有四曰小明堂內明堂中明堂外明堂小明堂者金魚水合處界只平坦是也容人側卧使可穴龍虎內曰內明堂案內曰中明堂案外曰外明堂三者堂者乃穴前之正面合砂水二者而共成者也一圈是砂中央之平是水攻總論于砂水之後內明堂宜緊而聚氣藏風外明堂宜寬而收朝取勢中明堂宜平正圓淨大略宜正不宜斜宜圓不宜缺宜橫不宜直宜平不宜偏宜坦不宜險宜窩不宜塞使諸水聚會二砂關顧為美

案山 必橫生必特起有起有止必身可憑手可據目可下視乃真或自龍虎或自纏護或自后帳或自前朝或穴之餘氣伏而復起必騎龍也

堆案堆應形穴下一口穴則為獅子穴則為琵將軍穴為武印富穴為庫月形穴為日名陰陽对照小生為星名孤星伴月蛇形穴則為蛤猫（形似堆少長）形穴則為鼠虎形穴則為豕羊或為肉堆

案高過眉或過頂目不能視案上物止可謂之遮障案低為腳所躪非手所據止可謂之遮攔如橫過不見起止可謂之橫障

案在身之前憑手之所據貴人不憑虛而坐必據案分處事務之案是之據憑也龍虎兩開中分前去得案收回之案則之收拾面前空曠堂氣不聚必之融結時師貪其寬堂遠秀指為大地最能誤人案以本身生來橫在穴前收關元辰之水最吉然須論局順水局必逆水案逆水局必順水案始有力惟橫水局順案逆案皆可案頭須稍稍收聚若放開洩水即減福一曰逆水案固甚吉順水而遶抱過宮者名吉或順水而外又為逆砂以攔截之則尤吉大抵案論順逆只要灣抱有情開面向穴者為吉若有二三重案山生高以穴前第一重案山作主外為朝拱之山愈多愈貴卸來為案案山而結地者即之近案名客左右龍虎砂相

木為才官。一近袍笏，二三台，三品，四字，五展誥，六中高，七中凹，八腰帶，九生官，十官現面

交固關聚內氣者，則如同有案一說也。又大地無案山，須要許水聚其間，然四面高，則許水如何能聚者，即四水歸之說也。又有一等無近案，其穴結高處，又能來朝，雖亦有近案遮攔，亦不怕水冲者，高不言射之說也。〇案山宜近，朝山宜遠。龍子經云：伸手摸着案，稅錢千萬貫，言案之近也。張子微云：或隔百里數百里，忽起朝迎間城邑，言朝之遠也。近案宜低，遠朝宜高。范氏云：遠朝不怕冲天，近案尤嫌過腦。卜氏云：外聳千重，不若眠弓一案。或一字文星之貴，或案外若有拱揖貴人，在千里云霄出狀元筆（主有代出貴），或近案外起文峯者，現為官星。又有案頭起文峯者，案相筆，或案內有小文峯為帳下貴人，或傍邊有小泡為襯榜貴人，或案左右起文峯

倒地木星，橫在穴前成一字，文星為第一貴。案蓋以伏羲画卦為文字之始，故以貴也。今何以貴？蓋以文武並列耳。

文筆尖秀聳
主聳拔宜遠在
天表
彩鳳筆大星插
天而下有從山飛
揚之勢如彩鳳之
騰霄
穿帽筆火星頂
立于土星之上而
不居中
三公筆三峯頂立
于土星之上中高傍
低
狀元筆火星騰
于土星之上必為其
中又須土方正火清
秀高而且遠
筆架砂或三峯或
山峯似筆架主父
子兄弟叔姪同朝以
本身發出者為上他
山假合者次之

其名貴人筆多出文士或誥軸案外插一峯其謂一舉登科第又出
尚書閣老之誥軸內有小泡多其兩誥軸開花男婚宮主女作后妃
之誥軸兩角高大其凶或為鎗刀砂定出反逆之惡如筆尖砂亦
出強暴之輩若龍真穴的兼有貴人峯秀拔其必須時數中
堆起一文峯就作三台案則吉也主出文武之貴發兩邊齊插
貴峯必主兄弟聯芳或左高右低主出父子之貴若對玉几金
爐出極品之貴文名御屏附馬報朝(剛)穴前低小之山或乎剛田畬
高洲小墩上皆是案砂只要有情如玉几文琴金帶牙璋是也
案如旗須要為武職傳天下

龍虎砂要降伏要比和要相讓不相鬬即排衙亦須交互而不使
元辰水直去為吉排衙要離開不可交交之為鬬

龍虎乃穴之左右近砂也蔽風以衛生氣關水以聚內堂龍虎合
穴宜進中堂可橫可順龍虎開穴宜出中堂安逆龍虎一長一短則
短宜上手長宜下手一抱一開則開宜短縮抱宜長伸若來自客山一
邊必是蓋砂以蓋穴厭山龍壠全漏肩之風平岡平洋全穿肩之
水亦須在下手然後小水逆過穴前與大水相合自身之砂收小（亦在下手方美）
水客來之砂收大水若客砂是上手不可長出過穴恐成離鄉砂
也龍虎要稠抱有情不宜硬直腫飽以肩高頭伏為合格其
忌斜脇昂頭昂頭則欺主斜脇則風入二砂有正變不同有兩
砂齊到者有兩砂全無者有邊有邊無者有作單提者有一長一單
作仙宮者有兩砂交抱過穴作紐繪者有玄星無砂而父母山

分砂為龍虎共己本身之龍虎而作借客山作龍虎共己一边（貼身邊穴為妙）

是自己的兩一边借客山来湊共種之不同不必拘泥只要来龍氣

到成局起便自结穴（十宜一逆閃二相讓三訓服四豐圓五秀抱六端七閑靜八生曜九過案十兼）

龍虎小水口尤為切要如水從左来則虎必讓龍而在外以收其左水之（水来自左至右亦可水来自右至右亦裁）

（龍虎相对穴法主割將二砂踏在脚底下名為壓煞穴是明堂管氣乃）

從右来則龍必讓虎而在外以收其右水方是有情收水而相

比和也法論穴前龍虎交横第一重水口也（大發之格）

是一等極大之地东來生殺之權為都邑省郡其每右砂强勝以

為威武之權耳　青龍頭高長子發脇上起圓峯中子名利通尾上高起（小房富亦須灣環顧）

龍虎三重来稅千年可保砂若起拳富貴雙全砂若帶曜伸

剪舞袖龍貴入朝官小太守左如龍蟠朱紫朝端右如虎伏千倉

水從左来則虎山
宜長水從右来則
龍山宜長又要下手
一臂逆閃與兜收貯
上手方為有力收水一
邊山勢强勝有力氣
便融聚蔭德彰云
下砂收盡源頭水
兜孫買盡世間田
地户共下手之砂
及水口之砂同推

萬庫

夾砂

夾砂在龍虎之外穴星兩傍另特起挺秀之山拱夾主穴俗云夾耳山是也若在龍身兩傍謂之天乙太乙是乃大貴之格非貴龍貴穴不能有之

餘氣

餘氣不去數十里決定不是王侯地

有大餘氣乃大龍大結之後其餘氣行去再結小地者是也有小餘氣乃穴星下之唇氣平坦之裀褥是也

羅城

羅城要周密重疊幛空補缺如城之有女墻垛其四面羅列皆

羅城在乃穴之前后左右周圍環繞之山也亦有缺空如墻壁樣

缺者有補

極大幹龍方能收自己經出砂列出羅城餘則僅借客山湊成　缺者有補

論水城福

穴前橫繞之水只可以水城形勢論吉凶不可以方位相替論禍福

送龍之水左右夾真氣不散出英雄夾到龍頭窮盡處龍盡水盡是真龍水若灣環要過江織女拋梭九折同一折一代為官貴狀元榜眼侯王封纏龍之外抱頸彎生地富貴出高官次要寬平為第一一重勝過萬重山　水繞即是山繞　朝來之外入滔滔出似生蛇福更牢變朝左右學堂入文武兒孫着錦袍一水朝來平緩至去為官職小田禾水城揖穴如彎弓代代兒孫座祿豐一字之水前橫陂深灣平漫最難逢生名號曰桃枝水知州通判坐衙中弓刀之水一邊彎叉名毬棒抱墳閑急緩來名官職印捍之定

朝水之效速乎朝山蓋山不動而水動也

見入朝官

水如人字少亡孤寡水如八字淫乱無忤逆水如川字遊蕩荒廢
水如之玄富貴永遠水射穴前禍患連綿水如反弓永受貧窮
水如彎弓吉無凶水如倒旗三腳斜飛出人劫賊一去不歸水如
衝城三箭前騰破家遷外禍患常區兵一箭直衝不免徒刑夾穴兩
去面前直竪殺傷定臨禍生無端水如繩索直下斜落自弔
肩懸公事連綿水直射去兩傍不收二水共出充軍發流
三水斜出其家忤逆水如活蛇繞穴徐斜其家大富水如攔城
重繞彎環千箱萬斛水如築城抱龍抱印其家溫飽

祿儲水

言水之融注如祿之儲積也或穴之前后左右或水口間有深潴融聚之潭湖池沼塘窟皆是也或諸水聚會而安深大不涸為美主厚儲巨富悠久不替

天池水

高山之頂上有池水口其在山巔雲漢間皆天池一名天漢一名天潢問君高頂何生水答是真龍樓上氣樓殿之上水泉生水還落處兩邊迎又有平洋龍身上有湖亦是天池龍行過峽斷處有池亦謂天池蓋在龍身者皆謂之天池如不在龍身則為池塘水矣峽上左右兩池脉從中出謂之左侍右衛亦名養蔭水廖氏云龍上如生兩池水養蔭斯為美又蔡文節公云龍帶天池則有貴氣而綿遠

凡龍身之生池其甚旺結作力量甚大但須四時不涸而美若或忽然乾枯禍敗立至

論四獸

玄武貴其低垂朱雀欲其翔舞青龍貴其宛轉白虎貴其蹲伏若玄武縮頭而不受穴朱雀揚散而不朝揖青龍斷續而低陷白虎昂頭而開口則不吉矣

論左右

凡穴但看左右竅若全龍降之星照或護穴後之鬼禽之處墳真絕妙左右之砂横伏而顧內其為財山

論朝山

列于穴前高而遠者為朝如龍樓鳳閣文筆三台四其文分為四宜一特來二尖秀三端方四豐圓

外朝山水外孫貴卑子廊廟為官清亦出為花女人亂夫敗子孫承恩榮

寶蓋三峯居起頭圓

華蓋三峯帶尖

冠蓋獨出一峯似華蓋而短小

古經載出朝山勢肥滿纏身抱穴奇如弓如庫如拜揖或如半月

（蛾眉 文星）最相宜大（大）財須是圓峯尖秀端正主官職高山尋窟低尋突

便求對正莫斜欹穴後要托為大貴四神拱揖是龍基文（火星 文）筆貴

（星）人君要對圓峯財庫最相宜立穴避風藏暖處左空便就右

邊依右空左畔尋真氣避却凶危左右次

寶蓋其破傘相類高出而乃層堆其寶蓋也依塔而破側傾而

偏其破傘也（主綱紀）席帽其跪爐相類頂圓淨者為席帽頂方而高低

不勻傳其為跪爐長帶其短參工祿為魚其為金玉帶至魚其（主師巫僧道）

為屏帶者兩分手貴之大小也臃腫兜其橫屍也中起而兩頭低似

為頭腦其病臥山也魚其浮屍相類前高後低逆水而上其魚

金箱或山或石方而不尖者玉印或山或石圓而不尖也乃真形先朝山只要諸水聚其間汪汪湖萬頃明堂外內乃周圍如抱環

也順水而下者浮屍(主溺死)也金箱玉印與打錢山相類小山長而方或圓而平金箱玉印也低平而中凹陷者打錢山(主伶仃下賤)也旗山與降山相類豎者為旗倒者為降金櫃與下水棺相類方而微長端正而首尾平者金櫃也一低一昂頭大尾殺者下水棺也旗山與淫山相類山高而垂腳向後者旗山也山醜而腳露如開胸見乳撇裙見腳者淫山也獻囚與抱婦山相類傍山峙立俘囚在座(坐)獻囚山也一山如人款坐一山探頭者伸手者抱婦山也神童山與哭兒山相類主山尖秀之下乃小秀山者神童山也高山低頭小山側倒者哭兒山也馬上貴人與探頭鬼賊相類乃山如馬馬上出尖秀而高聳者馬上貴人也山形如馬而外山斜見山頭者鬼賊探頭窺伺也魚帶山與葫蘆山相類

橫帶而已小山貫串相連如壘壘者魚帶也橫帶而已小山獨聯中間隆頸其葫蘆也倉庫山其牢獄山相類山微方而長端而正其庫櫃山也圓而端高而厚其倉廩山也似倉櫃而破陷如開門正其牢獄山或如園墻破屋之類名牢獄山也或如驚蛇如走兔如蹲虎如亂走如飛刀如槌背如刺面皆凶又遠山石尖如竪鎗卓刀主武職工殿近而粗則不吉

論平洋龍

高山行龍脉落平地隱隱微微最為難認形如鋪氈展席如生之地宜加目力徐徐而認如氈中之尋髮草裏之尋蛇沙上之尋珠灰內之尋線又如浪花滾月雪裏飄梅凡佳穴者

平洋之氣常舒常散須要陽中浮酥沒水之半氣仰而吹宜乘其急半坦之龍脉潛埒地微露脊背忽起一突其氣

沉緩安穴絕頂若少脫之便失其氣此緩來急受法也

必至一線之脈或沉或浮現似有似無臨結穴處雖略起節泡高三五寸亦是平洋之間高一寸為山低一寸為水須分兩邊貼身微茫而前交合須有真地發節包不生氣脈不起毬簷界水不明之堂不見鉗口不開交角不正坦如牛皮者即是假龍切不可以砂爲有無○平洋之地微露毛脊如浮漚如星如珠長者如玉尺如蘆鞭如几如帶兼如龜魚蚌蛤之類方圓大小不等是皆地之吉氣湧起故平中起突多成大地○低地高田傍水尋龍分毫高下隨龍步脈牽連伏斷飄忽浮沉隱然雲中飛雁現則浪滾砂飛到頭變或方或圓隱隱然而成星其貴結穴處或大或小微微動而圓活者生出身變龍祖于發足結穴處水繞于穴前低

真訣不出文字外

金針玉線

說者極意形容讀者誠心搜索究之愈求愈遠愈論愈杳

田作堂高田作砂依稀遶抱羅城莫漏○平洋以水為脈以水
為戶以水為護水奔至脈而脈從水現龍隨而行砂依水抱氣
從水止直則死曲則生水大龍亦大水小龍亦小大者須防散濶
小者又怕穿洞大則清小則深水貴曲而不貴直貴聚而不貴散是
故水不亂彎々則氣全而不亂聚々則龍會聚則靜曲則動々者不宜
急陰聚者須要澄清古云洋々大水為關鎖關鎖裏面真龍住
真龍裏面看砂頭尖砂為水鈎行龍之要不怕大結穴之要不
須用小龍身水大似浮鷗富貴不能休穴前而小似眠弓乾涸亦
真蹤貴在重々水作峽賤在無峽似攤皮祖出洄々出祖重々剝換
大取小々取大彎々砂彎砂彎者須乃緊抱剝換者且要方圓取

三恐字妙斷深
一字更切

大者不宜散濶取小者又怕卑窄卑窄者恐丁不旺散濶者恐氣不收龍愈斷穴愈佳水愈深福愈厚要堂氣之兜收宜局空聚齊一水之流注處可據二水之交合處可求四水之聚公侯所出

水
聚之聚至郡邑州大旺則衆聚小發則獨流貴其龍氣之清富其水神之厚氣聚處須從薄收氣散處宜尋厚裁人丁集之致頭龍氣之旺孤寡頭之入穴水神之蕩人得其水勝財旺其主厚水大其寬葬水小其近裁○降龍為氣為真纏身遶抱為佳點穴須扶胎息作法休傷唇口取次皆為真的乳頭多作兜收

木星起頂枝腳
飄蕩成水摺形

論官砂不拘方位

木火二星高棒手龍山之左右

天乙太乙侵雲霄位居臺諫禽星獸星居水口身處翰林數

五峯聳拔入雲中縱有出三公
峯插天外積世公卿九曲入明堂方朝宰相左旗右鼓武將兵權前
障後屏文臣宰輔犀牛望月看雲步于天衢丹鳳啣書紫誥
蛾眉金星案
穴前一字文星
紫泥金誥之書
頒于帝闕文筆聯于誥軸一舉登科帝帽近于御屏承宮侍講
頭微圓肩畧垂
五峯連聳中高
小山疊疊圓平
一砂尖抱二砂相抱若直硬而殺刀
牙刀交劍名持節闔闔之權鼓角梅花身領知州之職銀瓶盞注
工夫下圓
西晉惠帝時人
富比石崇玉帶金魚貴如裴度蛾眉山現女作宮妃誥軸開花
唐憲宗時人文帝封晉國公
男婚宮主魚袋若居免位卿相可期天馬如出南方公侯立至頭
金星庚酉辛
馬星居恒午位
木星高聳
火星頭高脚欐
筆多生文士卓旗定出將軍內台外台文武不同某郡某州分野
山高平方正兩肩畧披垂者為御屏
可測御座御屏入內台而掌翰苑頭鎗頭鼓鎮外閫以持權文星
面前文筆在巽方
彪頭而天顏回天柱高而壽彭祖印浮水面煥乎其為文章水
即主星一頭坐后高山亦曰天柱或大石或小山員淨見水中
一云乾為天柱
聚天心肖然而為富貴帶倉帶庫陶朱之富可期生官生曜主
范蠡

者旗也金星圓聳
頂平土鼓也五峯
聯輝中高旁為鼓
中高尖兩角簇三尖
兩旁土鼓角也圓而
平土梅花也
蛾眉山如初出月
誥軸是土星兩頭
頗高
山高大而中起頂兩
肩擠闊者謂之御
座御座御屏兩角
起峯也但不可高于
屏
員高大為倉方
大為庫
頭鎗山尖銳而卓
立頭鼓山頂平而身
圓身肥滿而頂畧
尖者為倉身肥滿
而頂畧平者為庫

謝之名奇望 王導佐晉元帝中興謝安晉穆帝相坤母峯高起名題榜尾

用砂秀砂總論 丙午丁秀拔獨占魁元坤母峯高起名題榜尾

用砂者龍穴之用神所以護龍衛穴佈局收水者也用砂不一大概欲其彎環而内而欄抱有情秀砂者乃龍穴之英華發外秀砂不一大概取其實利向外而飛揚即是曜星何為護龍脈龍身分臂夾于龍之兩傍者曰峙立繞樽兩山峙立拱于龍之兩傍者曰天乙太乙何為衛穴衛主身分臂夾于穴之兩傍者眂曰龍虎兩峯峙立拱于穴之左右者曰夾耳橫于穴前以收堂氣者曰案聳于穴后以擁穴星者曰樂穴後之端嚴大星為穴星之靠座者曰照星名曰蓋座也案外之秀麗好峯為主星之賓對者曰應星名曰朝山也此數者為紫

天乙太乙后頭高
代之出英豪

要之用神也若遠穴之用神則四圍拱繞者曰羅城以環抱周密者吉又有朝山外之遠峯曰遠秀案山外左右之雜山曰雜砂凡穴中見者雖非本穴之用神然皆有應驗而不可忽者也秀砂則係龍之龍之旺氣秀氣發現于外者實銳而拖于案之背者曰官星騰起而穴中見者曰現面官星拖于龍虎之外者曰曜拖于穴星之後者曰鬼此三者雖曰尖銳然忌有方員横直之不同皆主官貴其發于龍峽之傍穴之前后左右係員者曰倉星名曰祿星大者即倉庫專主富也秀砂之中曜為尤貴最宜遠長飛揚則大貴已上

面前峙立而起此代代出高官

視官之長短為之準化

出于穴前而明朝揖尖不射穴横案遮避者亦曰曜星乃明曜也故多在龍虎嘴頭出

砂係或生或破或或生或破但要龍真穴的須要斟酌

論水口砂

捍門之義近乎武取象于獅象虎蛇之屬華表之義近乎文取象于貴人圭筆之儔

水口以交结重密为上
尖峯在傍曰華表
二峯对峙曰捍门
水口中高圆之峯带石巉岩名北辰
一個螺星足田牛
二個螺星富貴久
三個螺星賢豪出
四個螺星開寶庫
五個螺星金銀足
六個螺星受王封

水口砂有五曰捍门曰華表曰羅星曰獸星曰北辰捍门者两峯峙立于水口水流其中出者也（捍衛门户也）華表者一峯峙立于水口者表率其光華于外是也二星大地方有羅星其方員之石塞于水口者是也獸星者水口两岸之山形如獅象把门龜蛇把门者是也王侯之地方有北辰者高大石山尊嚴挺立獨高于衆者當水口者是也惟禁地方有

賴云云垣中全備六龍星衛列層層拱北辰則知北辰斷非水口砂矣自起祖以至水口自成不関會所謂垣局也祖宗是垣局之始星对是垣局之中水口是垣局之末無不照應

水口砂以雄强高峻崖巖崚嶒不生手脚枝葉怪石巉巖巖尖之奇異者為美如大貴人必是大將帥式雄悍武夫披堅執銳把守関隘形必醜陋凶惡星辰抱截經云莫道祿康星好

處大為公侯將相門水口山大成星体為龍樓鳳閣鋸齒排雲一林春筍日華雲爛等格謂之地雄星即大貴不可言

羅星禽星獸星羅星者居于羅城之口外因以得名亦有包羅不使疏遺之義突當門戶之間四面水遶者是也石為上土次之

羅星者水口之小石山墩或一或二三阻截去水以閉內氣之物也者星其頓祖龍相應必火星起祖水口方生者星以為火之餘氣凡龍必火星起祖始出大貴顯故見羅星即知龍貴穴貴也其星必有五星九星之變若成龜蛇等形者禽星也成獅象等形者獸星也禽星低小獸星高大皆水口之山也獸星雄猛禽奇異皆為頭向內尾向外頭上為突則穴必為突頭上為窩則穴必為窩矣外為一禽則內必為一穴大抵不離乎祖宗也

一個獸星叅簿尉二個獸星知府官三個獸星經畧制四個獸星做丞相五個封公附馬安六箇權天輔帝位合門盡封班

論捍門 若見成形禽星內必有大地

捍门有三説其一穴前見之端居近穴左右如门户放入前砂外揚遠秀朝揖其二江水陽朝先見捍门水由门户中入洋洋坦夷來不見源去不見流其三水口関攔閉役门户水從此過如有门戶把守此皆貴格而輕重不同經云大貴五府地位甚皆高而穴前捍门也若護砂有之則謂之峽若穴之左右有之則謂之太陽太陰交臨入穴皆不謂之捍门若近穴左右有之亦是大貴格若高聳而不對峙或雙隻立而不停当則或禍福聳而勞亦不謂之捍门也有九重十二重者必结禁穴一二重亦王王侯后妃宰相状元經云捍门之外有羅星便作公侯山水断

日月捍门為貴之最旗鼓捍门宰相元帥烏帽文武名振当代

捍门水口尖峯聳圓峯北辰位坐塞城门不見流必富貴保千秋

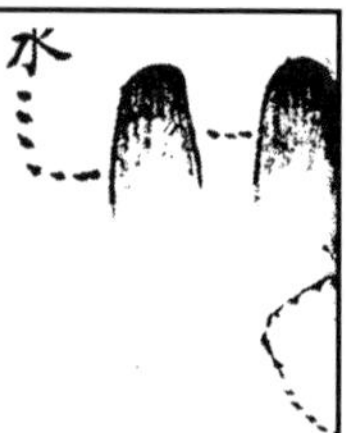

有特樂有借樂特者為上借者次之無樂則力微矣

后樂前案外山高大壓穴為異為蓋照則地大而發快

屏帳高而還顧貴不可言若低于背則分劫也

後樂蓋座論

亦謂之祿儲峯后座重重高起主福壽雙全 富貴悠久又为天柱峯主高壽百福並臻

樂者即樂托近穴之座山正在穴場端聳而後托者也樂山要端嚴有情若撞背來龍結及穴星對頂者皆不論樂惟橫龍及凹腦側腦沒骨等穴必要樂無樂則背後空虛而無靠矣不拘形象惟以端莊尊主高闊屏障不欠缺空為吉亦不拘定本山客山名可又穴上回頭便見或心中見者最吉皆須貼背不宜遠曠蓋座名曰若照星取其從后照穴之義如有蓋座則貴矣蓋座以土星御屏為上大金次之火星尖聳之山為下尖聳則勢而卑也

論蓋帳台屏

有一字三台品字三台有泰階三台即六符乃雙腦三台也屏即御屏乃土星特峙三峯並起頭員者為寶蓋尖者為華蓋

有自身開帳者亦有借大龍為帳者自己為上借者次之若短則為飛蛾又其次矣若得案下之水流到穴前為至貴

蓋帳高短而方列帳障高長而彎台即三台星屏亦圜屏障如行軍障幕屏為障粗端正貼身為屏橫列遠大為障障與出脉分枝不同分枝則兩手向前如个字樣障則兩肩橫開如一字樣

論朝座 前朝后應俱全而重疊者尤為上吉

座座星力大于朝若無好座即小枝龍亦出近君之貴就穴中作用則以朝為先務若朝座不能兼收寧舍座而取朝以朝在前而急座在後而可緩也若后座異而不正不能作正印之官穴後若無御屏之星必出侍從之貴

論官鬼禽曜 官星在案外朝內不過高不過低可以高可以低者要如嬰兒之抱母切忌角弓之反張

問君如何為謂之官朝朝山背后逆拖長問君如何謂之鬼主山背后（財后出）生餘氣問君如何謂之禽如象如魚水中生問君如何謂之曜如蛇如旗如石（尖形）龍虎後官為明暗二格明者再起一峯穴上見者曰現面官暗則長拖而出穴上不見者也鬼者穴后餘出之砂擁于穴後者也穴為襯于穴之背暗而蔭而得名也偏斜亂出借鬼為依以其分偏奔身之氣攻敵義于竊而名曰鬼曜名為明暗二格明者從龍虎嘴頭發出橫于穴前者也暗者從龍虎肘後拖出者也又龍身枝腳穴前左右之砂明堂下關水口及龍身隨帶之間凡尖利巨石名皆謂之曜曜之若長大貴名遠大又宜近穴經云曜星若現石尖生貼身橫過面前平伸手前還招得着少年一紀狀元名蓋遠則見效遲近則不日催官速發矣

鬼要頓穴不論長頓短高低短不頓穴不可而況于長長而頓穴情當也倍勝于短

鬼星要秀麗渾厚或方或員或橫或直或彎抱貼衛奔身不散漫奔走不醜惡可嫌則得其妙暗不如明

曜星不一皆主大貴催官速發遠不如近官曜特為龍虎過身尖且利此是

龍身鍾秀氣
穴前左右貼身生
後是王侯官品地
古云官星不睹難
求貴顯之名曜將
應臨宗秉鈞衡
之任
若是橫拖帶劍
勢文武功名統萬
兵

三世皆貴龍發現之秀氣非三台八座魁元鼎甲之位不能為也
龍局俱好若無此種秀砂作官不過守令若中下龍格不過徒
富厚發丁而已禽星在乃貴小墩在下手水邊皆是在水口中者謂羅
星也若在明堂內曰患眼山在穴前曰墮胎山在龍虎內曰抱養山
皆為不吉四靈歌云禽曜之星是官鬼都是好龍生秀氣未
穴前穴后龍虎傍多無定而為相地

論官星

一个官星者如鎗子息入明堂朝二个官星長吏大刑憲定着緋三个官
星爲文長台諫入都堂四个官星衛地生親族盖封王五个官星爲外爲
宰相輔王天下大小官星父子
貴一雙並出兄弟齊

試問官星是如何本身山前更有山官星在前多不見之其名為現
世官其凡官星全凶殺只恐似官非是官假官瓦揚順多順水前

去一向年遷擴足是離鄉不好處時師誤作官星看若是貴

龍作形穴住是飛揚貼乳牽掣或是順水生來秀纔是離鄉官

不歇官星一重是一代重二代二看外山案外案山休說貴若生來第一重為第一代第二重為第二代

秀莫言官有正官偏官雙官草官多官有鳳翅官雲頭官官重疊官

論鬼星張子微說橫龍須用鬼二在尾也枕也襯也穴要收回鬼氣收回鬼力收回回鬼勢收回鬼意

必龍真穴的而後鬼在聽為大富貴如無理穢而案不交會鬼出

散亂斷非吉地

或問鬼為陰類則其曰不見歟答曰廉義既止于此蓋魄鬼魄也

魄陰也彥乎陰其性害故害人其鬼也因言地理而鬼其名然鬼

非正氣地之陰邪散為贅癰疣之氣之病也故名曰鬼然而吉

言任官不畏離鄉

官星

論世代就序自第支為第一世受用重第支為第二世受用故第一世支為現世官明堂向前支面見之支為現面官現面支可見現世者或見或不見支為官星則一也就氣旺相秀氣融結包會不盡故迸列衣發泄注為官星方位可獨斷富貴輕重乃無法是就脈福神既貽出來

龍勢愈大難變輕重但龍之貴也而氣重而大其官星亦必重大龍之貴氣輕而小其官星亦必輕小所謂大小非論形体之大小乃氣脈之力量然也

而不全凶生聲譽猶世反鬼祟若人氣盛旺家道興隆則鬼獻禎祥反為我福若人氣萎荣家道凌替則鬼出妖怪能為我禍地理之取義一同若龍氣貴秀穴道端的則鬼之所泄生出旺氣也皆為吉徵若龍氣奴庸穴道假偽則鬼之所泄生乃饑氣也皆應凶徵須全以龍穴為主而后論鬼龍穴可主則鬼為可用龍穴漫散則鬼為我賊矣

以上乃劉姐設說

木公生于碧海之上蒼靈之墟以主陽和之氣理于東方號東王公

或從玉童秘授河圖書也答曰從緯之文也子房徵時嘗遊郎

生于神州伊川姓侯氏乃西華之至妙共理二氣男子得道名隸木公女子得道名隸金母

西王母金女厥姓侯氏女子之登仙得道者咸隸焉

邳道上見小兒歌曰著青裾入天門全母在木公存人莫識也獨子房識而釋之曰從東王公之玉童也遂授子房以圖錄其文識漢興衰及子房所莫之地因發風水精微之秘其文不類風水

文字被世罕傳其書論鬼星云鬼之形我之氣應我留我衛作我
吉因我勢作我凶因我變從是以見鬼之所自來也蓋鬼泄我氣而
為形者也心者穴也故作穴之處而就而藏衛其吉者我之龍勢本吉
被泄而為鬼亦吉其凶者我之龍已變被所泄之氣亦不為吉而為凶
矣下文云鬼不吉龍不美蓋其中人不利惟其龍氣不美被形為凶
鬼葬于其中不利於生人矣
或問鬼何以不論生剋答曰龍自祖宗生父母傳胎息出子孫透節
傳變遷化被不同不論生剋鬼只是本身餘氣發而贊擁者
謂窮我之氣其吉凶皆從本身出豈可更以生剋論只當以吉凶
定之主吉則鬼亦吉主凶則鬼亦凶譬如人家積德以生佳子弟為

一个鬼星甚威攀
人二个鬼星作省
元三个鬼星翰
林位提刑按府運
回鄉四个鬼星入朝
王五个樞密輔王
天六个鬼星两正
拜合門核桂枝生

父母之充積盛則生出子弟為父母之累此可類推
或問鬼為泄氣主于收回如何收乃答曰鬼高則穴高下皆可鬼
低則穴須低或深作尺度則鬼自然收得
或問鬼山若高主峯數倍者奚答曰愈高愈有力豈云不吉但
不可太凌壓之勢或曰然則當如何收氣答曰鬼峯雖高過脉必
低只當于過脉高下取裁不于峯勢高下斟酌或曰鬼峯雖高過
脉貼地或全然閃斷如何區處答曰此又當權變若貼地閃斷則謂
之閃脫之氣不須執泥若執泥收氣之說則必下遷瘟黃絕究
訛非宜
或問隔山為應可以鬼論否答曰此乃應星非鬼星也應星峯或隔

水或隔田或隔一山照應為穴之案峯其勢必高大于主峯或是乎頭穴或是回缺穴或是横直穴總是不應則穴不可遷故造化融結此以徵明吉穴

或問鬼曜俱從本身生出何以言曜是溢出之氣鬼是穴窮漏之氣
答曰鬼在穴后是分乃作穴之氣以為鬼故窮取于象而名為鬼曜其穴不相干是餘剩之氣耳古之人此以取義皆總為此故曜如星曜光芒鬼如幽陰鬼祟即名寓義燦然可見矣

或問陶公尋龍捉脉賦云鬼劫方為福無鬼不成官而術家以鬼劫為凶殺蔡氏亦謂氣散生為鬼劫何也答曰鬼劫之說亦二其一言氣散謂枝死葉閑去氣情或反而射或離而走或分而亂或

如繳茅或不遺斜或欹斜偏側河砂涸燥皆鬼劫也為凶其二言秀曜之氣如關之所謂劫殺其曜氣也鬼其鬼星也法為吉劫吉鬼但要其不射長其不去走其必回離其必顧斜其不偏側其不倒亂其不塵濁其不陰石其不粘土其不潰橫其不聳直其不沖夫是以散而復聚終為我用曜氣可以發遠鬼氣可以收回此鬼劫吉凶之辨也

或問李淳風小卷云山直則穴必山曲則穴直猛則穴于彎環之處側弱則穴于雄悍之傍據的至害如此則不必取鬼為徵答曰此言非為鬼設但泛言穴法也若見鬼而不要穴在於直以穴法變通不必泥鬼也

尋常人財富貴平安之地不過龍虎彎抱而已惟大物乃有曜夫杖節臨戎揚威萬里生殺由己出入帷幄呼

吸風雷手握朝權口銜天憲必有明曜發露交牙交仗本分威儀也故地以出曜為大物用曜為大事地愈大曜愈遠獨角尤奇為帝王師雙角分明輔相聖君曜出鳳翼攀龍附鳳為國姻戚中堂交牙外陽交仗大威大權非公則相祖宗兆出秀氣行龍節々有之前朝文應々五眼橫飛明睛皆倫三門交鎖世篤忠貞用曜如々々用牙身々用手々々用指々々用爪亦管々用腹々々用杖所

或問楊公論官曜何以不及鬼曜答曰官曜二星地資以貴未聞無鬼則地不貴也然名為大地不帶官曜者不可執泥

堯天眼云官曜壯鬼曜足主貴氣皆因官曜鬼倫存身作贊龐可為而無訛謬急

或問玉峯寶傳云官曜寔地鬼居虛位寔地虛位何以分別答曰官曜是秀氣旺相發越為即出官故曰寔地以其顯露寔為應之物也鬼是窮龍存身正氣吉凶禍福無寔有名而無寔可言地龍穴既謂鬼特證在穴法而已輕重乃不在鬼故曰虛位

袁天剛云鬼氣是病憶中生出有病故為鬼若天然天地即陣然無鬼天剛之意蓋謂凡地為鬼處必是偶然穴為偏斜或是凹缺

養我供我威我武我自停自安

或是橫龍或是肉過或是空闊難定穴道故有鬼以為之証應故曰有病而後有鬼此語極造理

地訣楊秋云官以見貴曜以旌秀鬼以定穴

二水記云鬼揷天地不吉鬼貼地脈不至有不如無出大規模無不成有殺形之醜有無之間過穴必難高不雄低不伏員無缺突無觸肉而尋斷可續去即回泄即復要之有情乃地之福法言大地之形規模寬廣必無用鬼若形醜穴異則必有鬼方為真穴若似有似無之間則難于過穴矣若鬼高而過雄峻揷雲天則鬼欺主穴不吉鬼若低而貼地不能成形則氣泄而敗地脈衰而龍氣不至亦不吉員則光淨無缺突則回互不射脉若過肉而可尋提山若擷斷而有接

續鬼雖長而去難終回顧護衛雖者泄漏豈可收拾護穴應之

于本身之氣自然有情於此乃為福地

論曜星　唐高宗永徽中河東聞喜縣邱延翰因神人授以正經洞曉
陰陽后開元中玄宗召延翰至闕下賜之官取其師授理氣心
印三卷藏之內庫又患民間有明其術者
召一行禪師偽撰銅函經以亂其真

在第一重龍本第一代人見效
在第二重本第二代人見效

若見曜星左右交兇出現本主出狀元之貴

曜星生來多異或生本身或外揚去穴相近發福早去穴稍遠

本久長不怕鎗刀及錐鑽死動而旗任飄揚但要穴中會收拾（如在面前須要橫安避）

避若射穴及刺面（兩異相值者皆不可收拾）

背為我用不我傷若還不肯為我用者名死殺不可當

官曜專門本龍偏學出于大唐國師楊名益字筠松別號楊

救貧其書乃瓊林密藏黃巢之亂筠松竊之以逃避地于江西之

處今贛（呼孔切）州也筠松前后所謂地理功不專以官曜名家為時曾文（贛水人名已求）

楊傳曹，曹傳陳希夷，陳傳吳克誠，吳景鸞之父也。吳公宋真宗時人
迆鍾可期，傳此術盡其精妙，遂以官曜為一家之學，今其文傳世
子微於書不覽，其必取焉耳，故子微備諸家之術，摘其長而
去其短，曜星名號專主特經中之一端，每論一曜，必窮意于本身
朝應兼取，備用禍福，禍福是號辨析，復加詳焉，殊號他書取一廢一
之說也。楊公之生，先子微數百年，諸家之書已漸說備，其學名尚
通傳，而造理格物，上希聖賢，則不如子微。今觀其樂道歌、雌雄論
斷三十六脈、三十六穴，與夫官曜之書，不止一文，皆切當可據，非泛濫
不經之語。子微生于五季，顯于大宋，凡諸家之術無不考究審
咨訪，其棄而不錄者，宗廟五音九星，或無名氏可考而證應不驗
其倒在擯斥之科，故其學不可泯沒。楊公官曜，總而論之，正謂隱

東晉郭景純葬書獨以理氣推明，而未言及官曜以熾之故，及其沒而遂失傳。其傳尚唐高宗永徽中，河東閔喜縣郎延翰因神人授以正經，洞曉陰陽。開元中玄宗召延翰至闕下，錫之以官，服其師授理氣心印三卷，藏之內庫，又惠氏間有明其術者。是即一行禪師偽撰銅函經以亂其術，悉倒裝生旺，反用休囚，自是

不復為正經矣
至僖宗末黃巢
作亂楊公竊之
以逃贛水曾求巳
江右

穴中卻不見順充
冉冉之狀
一个曜星主文章
二个曜星入帝堂
三个曜星榜眼位
探花双舉狀元郎
四个曜星左右充
提刑推官輔帝晶
五个曜星幡旆帶
秭童科甲佩金章
六个曜星封五府
孔子 萬頃田

者為官顯其為曜子微分別祿意以殿綴龍虎其為官脫離有
身其為曜官不必矣于右隱其為官而不見面之官顯其為曜雲
不見之曜如奔身隨帶及龍虎外其為不見之曜也在龍虎頭外
其為官在龍虎脈外其為曜在穴之后其為鬼介乎名義之辯楊
公云或如刀或如劍隨水順充俱冉冉之庸師只斷是離鄉豈知內
為真龍古法言真龍正穴既定雖順水充楊公不謂之離鄉也如
大貴人既在法建都創業或開藩建節則掌將兵衛或左右或
出入或來去皆為貴人奔走服役故順去其忿其卧畏既楊公之說
后人易錯不知子微之說云若是全身為秀氣或尖或射或西
西東工水下水為攔截或作羅星在水中法穿似凶莫輕棄定主祥

曜乃光華之發現即古人曜耀德耀武之意龍自左來曜在右龍自右來曜在左龍自中來曜分左右貴者如劍如槍富者如庫如倉土不如石短不如長若在平洋以水為曜
有立曜有眠曜有曜有明曜
曜星如舞袖尖如棗核尖龍序葉外俱有其名官星帶曜皆木星之秀氣發達而成者也木秀而華木華而寔若七八个或十數个至魁九神重異人

甲出英雄蓋以順水去者須要外面要遮攔裹截則雖去無害若無遮攔又無裹截一向蕩然則附之離鄉之例子微之說可謂詳盡矣楊公之說開端而不敢竟其終至術家氣象收不受口談必至錯謬子微教人甚緣毫隱隱(明白洞達)使學者不學之間也楊公之云龍山雙管進田筆進與田牛吉右邊尖財便為凶千萬莫相逢或疑其說以為序山帶曜其不可不用殊不知前賢教人各隨意取寓虎其識至不可用其然而序卷中言之詳矣若為真曜則又其刑殺不同進田退田二筆不可全以在龍序其為是子微上下水之說甚為有理若在龍而順水過穴無尤為退在虎而逆水截殺無尤為進蓋曜其刑殺自別先辨孰為曜孰為刑殺而后可占禍福也楊公云或為鑽或

出乎其間朝應
更有好星辰名位
可至大拜
火曜尖如筆如針
如鎗金如曜如刀
木曜直如笏

為針兩邊相指其說亦病穴前尋兩邊相指其說亦病若相指
相射而不迴避則凶矣子微則切々于兩尖相射其必以遜讓迴避為貴
楊公之說自閑其說（術）則可若以教人而別無口訣恐誤後學楊公云
圓峯連雞跳又跌射到穴前尖又旁兄弟父子同年慶紫綬玉
黃麻朝玉闕射到穴前其横、斜、其直斜、圓峯跌下其尖、射穴則
凶矣子微論之必分横、直若直射向穴則不敢横、射而不過穴始
吉過則必凶也楊公云或鬪射或交峯尖々及石在其中賢良科
甲渾家事三台、八座及神童蓋楊公只言其概、只少兩邊相避
意義耳楊公云官曜星真、全價出穴前形醜又醜其非曜也若
言其可畏則有之言其為醜則不然曜星雖若可畏而其旺尖秀

終焉可愛眛其畏之識其喜之下文云世俗庸師見即怕此就是矣楊公云天機妙穴少人知不怕山尖水更飛此等語須為口訣不肯云盡術教人以致人多誤閑予繳則論山尖水飛之安山收其尖而不欲其射取欲其朝而不收其冲水去則欲其之玄直去惟東坊一穩身居取死而活頑我欲留則吉水也若水死而反于我無情則凶水也者如此分別乃是楊公云穴為父星為母父母相迎龍即佳宗枝骨肉若團欒此地千金無價要此即陶公雌雄相喜天地交通之說也范公釋云人皆知雌雄支度為貴而不知雌雄相喜之為貴骨肉其方以類聚也身既帶秀曜前面朝砂亦以秀曜左之以至左右護衛水口閉鎖其皆出秀曜此則氣類相感如夫妻相遇骨肉相聚無

此父母是陰陽雌雄字要名非后龍祖宗父母胎息子孫之說蓋后龍以生出取義曜星以相感取義也

曜必有石或渾然石阜或似生寔石山脚出石若椽石

亂何曜之足惟土岡土阜平鄉水鄉忽出石曜為真地愈大曜愈遠明曜在口如牙在手如爪在頭如角在唇下為鬚在鐘下為針在中堂兩旁為交牙在大堂為交仗在衬上為旌焰在兩翅為鳳羽為鶴翎在垣門為交經在城門為交鎖在水中為寶光奇焰眠伏水中為金繩界地鐵鎖沉江

一个是外來的也楊公云但愛前山攢翠如奴致恭于主人謾誇大水朝陽似吏來承于官長豈知山如美女貴賤從夫水若銳兵進退由將蓋云以曜星為主言存身若不帶曜只貪足員峯朝水終不能發貴子徽論官曜每教人先看存身及朝應左右足氣吉星根助蓋來龍是祖宗父母主峯正穴是主人曜星乃是客當先以存身玄武為主而后及朝應也紫堂秘訣云斬尖截曜是猶剪髮截爪世俗之人見尖曜則畏之聽時師之言斬鑿除去如人身體頭足髮手足爪皆成人形以為無用而去之不成人体矣月禅師云虎有爪牙威猛壯龍無鱗角焉能神微角爪牙形體見秀靈孕育不凡人爪牙微角即曜也白雲先生賴秀篇云山之秀水之秀山水秀形

獨角曜為帝王師，雙角曜為相，曜如鳳翅為國姻戚。

水中洲渚亦是禽星，視其生滅以占起廢。舊無而今有，則真穴已下，貴人已生；舊有而今傾，則旺氣已衰，好事已過。

俱出曜。山之曜，水之曜，不怕尖來及飛走。湖池生角岸如鎗，沙嘴石
牙水中寶。欲去還留往復顧，全家食祿難官誥。此言水之曜
也。又云：曜在山下如水，山蔭遮之，水快利，水中更有石突生，官不出門敵
高第。此言水曜之在快于山曜也。玉髓經中如水大既濟之地，池
岸缺敞，池心拔筍，皆曜也。大抵水來速于山，以源泉混混不舍晝夜，故
以易發。故楊公云：不怕山尖如水飛，水飛是水左右屈曲尖岸交牙
如鳥翼飛扇，非言其飛去也。

論禽星

一禽小富，二禽中等，三四比石崇，五六陶朱等。有石為貴，沙土次之。

禽星在水口中之石，名謂之落河大星。楊公曰：問君如何謂之禽，
魚生在水中心，或如筍如筋如蹲，魚為蛇，蛇飛虎金箱玉印，或高或

下或長或尖或員或方如生禽曜極為秀貴若見高昂二丈三丈主為官入朝極品之貴若小石倚山傍水浮石無根生謂之荷官不見祿必為根盤結水中徛起高昂為美凡入鄉村水口中間溪河中見為生奇異之石必為大貴之地

論六吉星

許亮公所云

何用天星何用卦水全定穴生言差祿馬貴人催官說到頭終是敗人家宗廟卦書何足道陰陽剪水是虛花千般卦例不須看九星不必指頭加官鬼禽曜螺獅獸生名六吉真可誇鬼星尖秀拖尾是禽星圓峯生水涯曜星左右如旗帶送託手脚兩边排官星之說少人知對面尖峯鎗筍奇筆架鎗刀旗如劍便

是官星仔細推尋詳橫橫案來閃抱案后直去似鎗錐怨並生

右直尖去鳧頭鶴嘴是官机數星怨在后龍出体勢敢認最

分明生嘴生角石乃爲獸如獅如虎是真形螺星若見高山頂隨而

龍左右石頭生大茸蒂小石螺印員墩石印護龍精小小員墩居

左右送龍山脚下頭尋見生分明爲大貴子孫代代斗糧金獸星多爲

郎將相官星五府產賢人真龍結穴生旺氣生獸曜螺官鬼

禽 洪氏曰予嘗觀舊迹已出大富貴者多不合九星八卦皆是得龍穴水城吉也吁星卦卦非真惑世誣民不足信也

楊公禁星論 地形合紫微垣者其勢圓而微長如鷄子模樣四山環繞無空缺其大而落平陽者爲帝都小而居山中者爲禁地

楊公禁星禁何星餘星不禁禁北辰至尊尊星何須禁恐君漏

泄損君身天生雌雄難得遇五百里后生孤角龍行萬里垣局

成成高况見北辰星上相下將相隨集玉女金蛾背后立來龍更合天地人生地瑞的出聖人大地龍神朝暮守不許凡人亂開口五百年後生一穴天教流于大福人勸君遇着北辰星禁口禁眼不可泄大凡聖人之地后龍不可露石露石名曰龍露骨只出草頭人后龍要金合天地人卦更要左右金吾及金蛾玉女前朝用蛟龍進貢乾坤艮巽四維要有四戰旗山出現餘方不係此等生等或有不全非為大地乾為天卦坤為地卦巽為人卦艮為鬼卦假如許真君祖墳艮山行龍迢迢去峯乃是鬼龍入穴也出許真君上昇天界

論北辰

一个北辰管萬兵附馬封公招討名高大吏雄驃雲漢出日足

争國奪天人二个北辰兩畔生麗昂擁起胆寒驚此星定出擎天將斬斫封王護國雄三个北辰陣水邊或獅或象或牛眠英雄猛烈天下傳五个北辰水口居疊上青雲插太虛現形若更平鋪要此是乾坤鎮國符六个北辰浸入雲入眼分明生怪形萬角稜稜真可怕必產山河鎮國人北辰辰星天中尊上相下將次第分此星乾坤鎮國寶隱藏閉口莫胡陳震庚二峯起秀坎離結局南離高聳一峯乾坤艮巽各起旗山鼓角軍屯（朝列）重重密布其王出天下英雄橫行四方凡見此地切得亂指反生奇禍

無去水下砂論 但只看下臂

去去有地無去地但看下臂如無下臂必無其地有一種奇形怪穴

地去水下砂山脚重重鎖閉，無有關攔，直至百步外有小山塞水口，
或現禽獸星，或外水口作大洋而聚，主出大貴。廖公云：反身逆勢
漲朝水，不論下砂美不美。又云：大地多是無下砂，今人不曉。乃如杭
州王尚書祖地，風吹羅帶形，順水而來，反身逆落，右邊上砂作
案，其下砂直至西湖百步外，方有湖水來。又寧波府范宅祖地
出宮貴甚多，青龍上砂作案，且近有際身青龍上砂抱穴，其
下砂直至百步外有小山閉外水口。寧波府西山漲國相祖地，亦
是左邊過重帶煞，後層走竄，且是離鄉砂也；右邊下砂去
閉，直至百步外有白鶴小山數重閉塞水口。是三穴俱是上砂
藏風納氣而際閉，其去水下砂風吹無關，而皆大發者何也？蓋

書云逆龍若見順水砂富貴久遠家且反作進神看

三局俱是逆旋龍係上砂是龍之下砂致護穴緊閉其去水下砂反作龍之上砂收塞關攔此謂天門要開地戶要閉也來龍逆旋來方之上砂已作龍身之下砂如青龍首是山來生青龍砂先到並蓋青龍乃是順水砂反作進身神右邊備生虎砂則取發源之水到穴是水來即為下砂如白虎首是水山水來生白虎砂先到並白虎亦是順水砂反作進神左邊備生龍砂必是逆龍之水到即作砂論凡逆龍進氣必上砂緊下砂關方是不論下水神

論朝山亂雜

三峰對中二峰對空上尖峰雖多只要中間是一二峰特異敘為

正對如金谿縣吳狀元舊陽基前朝七十二峯出七十二人科第中為雙峯特異以為正对吳氏兄弟俱登一甲蘭谿縣范氏祖地前对九峯九子登科凡峯混雜必須中為一二峯獨異天然朝拱他山排列皆向之為情擁從左右乃至貴之格文筆天星也作朝宜遠遠則為清秀之案而合祖惡之形為文筆插天乃理學宗儒神童狀元之應

論前應后照

前應即第二重案也山及三重五重皆是為美如筆卓如笏或方如誥軸一重高一重端正美好者是也后應照即樂山乃祖山在頂后為祿儲峯名曰天柱峯下氏云天柱高而壽彭祖為如寶座御屏

幛幛簾幙在照俱全而重疊者尤吉主福壽雙全康寧百順人丁蕃衍富貴悠久二者較之后照尤緊穴后不可無屏幛以蔽風雨

論左輔右弼

左輔右弼者龍穴貴徵也在穴之左右特起兩山夾耳對峙者尤為緊要之夾照發對不相參差為美又要高低大小遠近相等方為合格如太陰太陽謂之日月夾照如頭筆展旗謂之文武侍衛或方平延袤秉謂之列帳列屏或圍繞盤旋而包裹或高峙秀拔而拱夾或重重疊疊如禁衛兩班或隮隮森森如景從萬而萃皆輔弼之至貴者也其在後龍之左右者謂之天乙太乙其在過峽之左

右其謂之天角天狐其在前朝之左右其謂之金吾執法其在內堂堂之左右其謂之天關地軸其在水口之左右其謂之華表捍門一呼輔弼之推類易名者也

論水到局

隨龍水到堂則富貴悠久壽考無疆而白頭功名言其久也到堂入口惟富地而賤貴地不多見不如此者

水欲其到堂欲其入口為吉若水遠來及到堂卻反挑撇去謂之不到堂水或到堂而無下砂關收謂之不入口總而無蓋若在逆砂之外穴前雖不見亦作到堂論蓋大地面前多有橫砂而外內堂水多不見其即以朝不以暗拱之說世俗多執送龍兩水俱要上堂甚誤也惟順局去水地而以兩水到堂為兩合襟若非去水地則只一邊到堂蓋兩水合襟乃穴前界脈蝦鬚水耳吳公曰水要噓為着砂要

源之水朝有情
來朝到局前不散
開口須名為真朝
水朝水要從生旺
來流于囚謝墓絕
訣流破生旺皆絕滅
生者水之來處
旺者水之聚處

抹乃着卜氏云際夾生福不旋踵○隨龍水到公孫催老元辰水
到功名白首輔龍發源血脈水為元辰水隨龍去重是元辰求入
局所以穴前當心之水為元辰也

論朝水

也云真形要朝水只看朝山為近侍但要案外送水轉不愛順流
隨水勢要水內之龍虎緊抱水外之護山遠拱乃為上吉

朝水者穴前特來之水也此水至吉卜氏云吾所大欲云非逆水
之龍乎謂逆水龍固美不若為局朝穴為尤美也夫逆水多是枝
龍豈若幹龍兩水夾送至將結作處卻翻身枝節逆為朝水結
穴力量極大此所以不貴逆水之龍而貴逆水之穴矣但水固以特朝
為吉若直急衝射湍怒有聲則凶矣故朝水欲其屈摺亭出悠揚
深緩方為合格夫朝水固宜之玄或平田洋朝或面前有低砂橫

擱不使水來沖割為善惟仰天穴高大星辰已餘氣不怕遠水
特朝沙正高不言射之謂也是穴多結于水口之間下面短縮亦不為
害若穴場花聚逆砂一尺能致富朝水一勺可救貧洋洋逆而朝多代
出官僚若為催官催富必得朝水之地而敢驗也穴高不怕射
水淵豈為箭高不言射以羣山降服也撞城割脚穴高無忌穿割箭射山瀧何傷

論下手砂

經云是地非地須看下關下砂不關必非真地又曰看地是何
難先看下手山來看后龍來不來先看下面回不回未看結穴
穩不穩先看下關緊不緊逆水下面為財砂發富致人家

論水口

水口中高圓之峯帶石巉岩者名北辰

明堂內鎖水傍出曰水口要際似葫蘆喉乃三明堂即乃三水口有一水口即乃一局截皆所以收聚真氣於蓄于內而不洩者也古察形勢而頭勢昂即知結蓋穴形勢垂則知結種穴形勢伏則知結粘穴是察勢而擬穴而預知其也水口要羅星怪石大小高低輕重論高大名爲北辰位必產英雄不敢同百丈石山高聳起是名大數星北辰數星北辰關水口必出皇王鎮國人低小石頭生疊疊定主發福積谷壓獅象麒麟天馬現蝦蟆魚鱉或似人龜蛇鰍鱔形象出石圓光淨出朝臣亂石尖斜高低見此是旗河大火星便出大富堆千萬貫官家乃大光榮蘆欒螺印最貴星封相封公作大臣或湖或潭或交劍沙洲大石及圓墩左

大夫水口之間多有真龍翻身逆轉方衆水洋朝而結大地若只作門戶之山自是辟立崖岩欹斜醜悪無枝脚遮護僅可壇廟而已

右変牙生石嘴唇號官星正体形　官星若在城門現石嘴堆堆入相門蛟潭　水龍窟居水口神雲鬼洞蔭鄉村水口石龜石蛇出富貴榮華　大貴人怪石若多推第一提刑各部与高名城門一重高一重世享榮華代代降大山擁起過城門閉居内必有王侯地若見城門三五折兒孫定是國王親水口保潭三五星定為國相萬民欽水口石山侵工天擁起過崖岩壓衆山代代文武人過府英雄猛烈萬人看水口圓墩方石印若還低陷也榮昌大山麓昂是北辰定産男兒統萬兵

論門戶　即是水口放並列

不問龍從何來看只是看他立門戶貴人門下多車馬富人門

下多質庫門頭戶口坊千般不離禽星旺曜官左關右閉重
重鎖居中富貴不等閑請君試看貧窮宅少門多戶更
散斜門戶重閑為大吉順陰背陽最是凶獸星自有二十四外有
金城十六般七樣北辰羅旺印更（連）是地軸拱天關門戶口是龍虎
口左右關欄不可閑若見重重三五折更生奇怪有千般此處交紫華
兼大貴子息衆是去朝天官曜見交堪着眼交牙有石是龍
眠此是楊公論門戶但求緊密莫容寬楊公云天外有輪乃知積
代公卿楊公云捍門水口夾峯起圓峯北辰侍龍經云關門若有
十重鎖定有王侯居其間水口羅星周密稠叠交結關鎖狹而塞
高而拱或如犬牙交錯如羣犀相鑽或峙立高峯岩崖峭壁

或水中異石挺然中立如印笏如禽獸如龜蛇如魚如筍如獅象旗鼓重疊者數乃為至美

論水發源

夫水發源在於層中細觀來源之水也水之發處欲其深長深長則龍氣旺發福必久若水源短則龍必短發福不久矣其去來短去長者大力量是也

論穴坐主山

不論後龍長短只入局忽起少祖山高大尊嚴挺秀冠于羣山則作主星自去山下只一節或二三節即結穴而以穴端正坐主星顯近穩靠者力來高代出貴其地力量大發福速

論排列

正案必朝必陽而外皆排列也馬鞍山取其中又展誥必膺封
又敕文承筆出又死誥出征必有仙橋雲路通掛榜山將地達
捷報馬來每每高科甲喜重重寐穫首通通兩宮築河堤拜相
又趨朝馬去來遮遮君卿相來從容馬前貴人功名不分馬后貴人
奔波苦辛金馬門中又貴人來獻萬言朝北尊帶旗甲專征
伐交馳馬同科甲天馬行雲必產英雄大馬趕小馬富貴傳天
下聲馬立仗多朝穿相若是戰馬必有旗鎗若是坐馬華
蓋死揚進馬勝退馬敗馬上貴人來乃時行揚鞭貴必步青
雲天馬馬山獨出群交馳飛勢起朝玫那堪更有鎗旗起馬

上抽刀出自身雙峯雙薦插雲端雙舉雙妻雙子孫父子兄弟
同應試龍真一舉榜頭建筆架々山彎秀國其中獨出一峯強
貴人舉薦山相應龍好文章近帝王祖穀々山饅頭樣兒孫
富厚重々莊一个祖峯滿十倉祖峯若多遍村坊積錢々山如
月祿端正坡前向君子石筍居頭來官職佐王才橫才々山新月
祿彩加牛角前堂上更兼廚庫山應夾多買牛田外庄旺銀庫
々山似覆鐘三三五五喜相逢其家富貴多金玉玉盞銀瓶勝石崇
凡貴人砂皆是木星文筆砂皆是火星若披髮貴人木星傍拖
似于斜側乃木星帶火但要清秀不以斜側而嫌狀元旗木星
撒刻而身是水体至山是又開面出蛾眉文辭星帶旗馬々山々下拖

出嶂動之勢如旗之飛動旗與馬共是一山方為合格帶甲馬身帶痕摺如戰馬之披甲天馬雙峯峙立一高一低高濤似馬遠瞻天表在午未方尤妙誥軸土星兩角高起狹小為誥軸長濶為展誥展誥名不宜敵土星若水星兩角微起名曰展誥但水星角如起又似仙橋但仙橋兩角起頗高而成水火既濟之格展誥口微高而成火星乃為異耳撐天為土撐木次之仙橋者水星而兩角又撐木火也金星兩頭尾是禹山一高一低兩峯展誥兩峯傳

論崩洪

敦素曰朋山為崩兩山相照是也共水為洪二水合流是也

所謂峽山崩洪降勢共其名為十曰川字十字之字也字模石節目斷續馬跡蛛絲交角界水若見二大洪水合處為大崩洪

論過峽（峽者狹也峯巒高闊過度處必窄狹峽者夾也過度窄狹）山收束細微怕風吹水劫必仗兩边迎送護衛以夾輔之

夫峽者祖之樞紐造化之胚胎也前面結穴峽中露情有十二般過

脈正過側過橫過斷續過手足攤撐過蜂腰鶴膝過懸

必留石過遺胎落月過橫斷偷踪過天線牽龍過風舞鶴

龍過平田湖邊過之處以有水者為上無水者次之凡峽正過者

前去出穴亦正側過者前去出穴亦側逢過池湖過者其穴亦逢池

池湖邊在高山過者結穴亦高過其左邊砂長右边砂短結

穴亦左砂長而右砂短若過處兩邊杠護星辰方圓平正端巧秀

麗者主貴粗滿肥飽倉庫連珠者主富若勢如槍鎗刺竹又

如死蛇死鱔者為鬼神賤役之地也凡過脈行度若手足向前

峽乃跌斷處就行太祖下必跌斷然后分宗懷樸下必跌斷然后長行長行中必跌斷然后轉折轉折中必跌斷乃生變化變化無窮必于跌斷處尋真脈得真脈及將入首必跌斷然后起穴星其大者為關為伏紫者為束氣微者為過細總名曰峽以短為貴短而細為蜂腰若長必中起節名鶴膝若長而無節者為仙橋主顯貴出高人

生為順力重向后生為逆力量輕仍看剝換若一節勝似一節生福重而前去不遠一節虧似一節生福輕而前去遠凡過峽長潤而擺動窮蛇生其去千數里或三五里結穴若促短而緊者只在三五節結穴過峽若來小而去大生陽氣太盛其氣旺于頂行度必遠來大而去小生陰氣低伏行度在近正過生出穴亦正必作太陽金星等穴若側過生出穴亦側必作轉皮仙宮等、穴若兩邊山腳相交過生名曰鶯鶯過必作回龍顧祖穴峽正則穴中斜則穴倚曲必逆居內則傍取頂為緩長逆為緩因短聚低縮升高峻急墜底石還石持土還土止疏跌斷處謂之峽看定何脈穴亦如之如子午卯酉脈必作子午卯酉向乾坤

艮巽脉向名乾坤艮巽如向不合決非真穴峽脉要透迤嫩巧
落動態揚如梭帶絲針帶線如蜘蛛過水如鯉魚上灘如馬
跡渡河如藕斷絲連如草蛇灰線之類而美護峽砂形如日月旗鼓
天馬貴人金箱玉印垂瓔串珠龜蛇獅象劍笏戈矛等皆貴格也
如金庫廚櫃銀瓶盞注側罍金罇等皆富格也
渡跳燦天名照天燭高竹之象上格貴砂主武貴宜正案宜傍
出與文筆相似而木天梯異長身燦天尖多為龍樓大貴惟頓祖
龍可作正案若得金爐御傘寶蓋最佳

直龍入首撞背水龍頂对脉而來八氣勢雄大發福極快或少

論回龍 回龍入首乃翻身顧祖結穴有大回小回盤龍一也
順結者合于前橫結者或合于左或合于右回結者合于後左右

窩及定不為害
香餘氣為福
橫龍入首須要 特耳
穴後有鬼及樂
無底不實直長

合勝于前合既傍合又不如後合蓋前合順而水皆順去不能收任凝蓄傍合於水橫過穴前未必皆注洋入口至于後合則翻身逆朝隨龍之水無不入口矣古人云前合襟易得後合襟難求以其得水之蓄也逆結收盡源水最喜悠揚而朝回龍顧祖本是骨肉一家須要鬼是后撐有力方證得穴之真的廖氏謂橫龍結穴必要鬼托是也若再有屏欒高障則無美大全星名好又要水纏玄武則氣力乃鍾否則後氣脫去反為不美

飛龍入首乃上聚
仰高而結穴其勢
高昂須四應皆高
立贊工聚仰勢受
穴方為真結力量
最大貴重富輕
以其水多不聚也
必有交牙關鎖為
吉
潛龍入首撒落平
田而結為平受脉寸
高而山字依為必要

一曰顧祖回龍居水尾山水一齊至趨揖來朝曲盡神富貴保千春

卜氏云求吾所大欲無非逆水之龍

一云回龍作穴義幽深龍住回頭仔細尋兩畔水纏從後合過墳左右是前金翻身顧星來龍祖子母相隨作欒禽前后

二金為妙脊山脊向穴天心合時師但知穴前一水合為金魚不知隨龍水遶穴後合為後金魚也

平中有山或開鉗口水勢環遶方為真結

一云內見內砂為好山回龍之地在其間面前拜舞回龍案穴後翻身逆轉南更有龍神高結頂一線垂落側傍要回龍對面步丙百口兒孫不等閑回龍多結繞龍穴繞龍莫旺時師說

內龍入首龍脉棲內而結山勢直去而脉則偷閃于側以結穴若泥撞脉取穴則誤矣真龍閃巧轉身多實惟直串為可據如蔡西山祖地是也

一云回龍顧祖轉雲雲形勢回顧望祖山但取窩中為正穴兒孫袞袞出朝班

一云顧祖龍定多情去去回頭若弟兄公祖端嚴有卓笏山山水水盡朝迎時人不識回龍脉能令內序出公卿

一云翻身顧母顧祖宗居是回龍轉身更究轉回龍似掛鉤

未作穴時先作朝朝山皆是祖與宗不拘千里遠迢迢穴前諸
山皆拜揖千源萬派盡朝人
顧氏云兩砂並出股長股短邊粗邊細甚短而細者必縮長
而粗者必伸粗大雄急勢必出折向砂之短處拱歸故多結回龍
之地楊公云回龍顧祖多迎四山四水富貴見之尤速正合雪心賦云四水歸四獸聚白屋出卿之說也
回頭顧祖之龍豈脫父母本生之氣故順水直衝而逆回結穴
方知體段之真若逆水直衝而合衿在後斷是虛花之地

逆兼穿

逆就堂局橫接來脉頤祖受穴不拘左轉右轉但脉閃歸一邊皆逆兼穿也多無本身龍虎要外生一枝回頭護托為吉也

地學形勢摘要

三

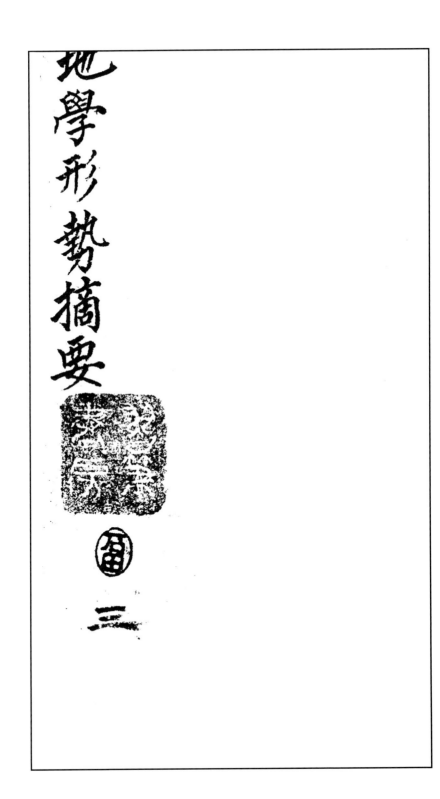

朝案証穴

奇峯特起直中取的峯巒聯秀均衆平分秀在左穴居左在右向右倚朝近穴高朝遠穴低高則齊眉低則應心近案高端正有情遠朝要水界特來

樂山証穴

橫龍出穴必要樂直龍要出穴不對頂必要樂不拘存山客山穴要穴後對照不可高壓不可偏倚不可低遠樂在中穴居中在左穴居左在右穴居右成星體者佳必不得已爲就堂局朝水

龍虎証穴

龍逆水穴依龍虎逆水穴依虎龍單提穴其左虎單提穴

其右龍虎高穴亦高龍虎低穴亦低不高不低穴居中停龍欺穴依虎虎欺穴依龍龍過案趨龍虎過案趨虎龍先到收龍虎先到收虎齊到夾抱穴中央龍長虎短穴居左虎長龍短穴居右

十道龍穴

十道取夫四應而已前後相等左右相稱蓋照不宜偏左偏右夾耳不得脫前脫後藏風不缺為的又云穴要居對貫前對後兩畔穿脚名小十道也

氈唇龍穴

穴下餘氣大曰氈如氈褥小曰唇如嘴唇故氈在佳鋪穴在此住

脣在吐吐穴在吐扦宜平坦員正

官鬼證穴　立穴要截得鬼住以收回鬼氣若少偏則鬼奪氣去為失穴故鬼高則穴高鬼低則穴低鬼在左穴居左鬼在右穴居右鬼在中穴居中鬼不可長太長則奪氣又有橫龍天財穴氣蹤于前後宮仰反則取兩邊孝順鬼

橫來須立鬼直落定逢山官官在案前迎官立向鬼在主後對鬼要墳仰起根凹取兩邊孝順鬼立穴受後要坐鬼前案對官若不相對非不真穴也

曜氣證穴

龍虎附外感氣發而為曜左邊曜照左可扦右邊曜則右可扦左右皆有曜中央作穴長而清者為貴短而濁者最極盡

龍方有初中罕遇

山勢粗而形急者穴宜緩形峻者上中皆撒而下聚氣鍾于麓宜下綴杖山勢雄猛氣降平洋且龍虎降伏案山低所以作地穴也穴低則四圍之山自然和平而迪吉也

山外拱而內逼者穴宜高凡內案逼壓而外山秀拱者必上聚而中下皆緩氣鍾於項百會之間必開小口為開天庭故稱名蓋穴具龍體俱高故穴宜高

水勢証穴

水到結穴處必灣環澄聚儼若不流楊公云穴若正時水便聚不正過之去水聚左穴居左水聚右穴居右又云左水的偏左右水的偏右中正須抱穴居中水潮穴宜高順水穴宜低

玉髓經定穴名

有等名為邊(鼻)觀穴一峰兩側是穴情兩側兩穴只取一其一最下為殘零又名為夫妻穴兩个雌雄穴頭平橫話一個是疑穴直龍皆是名重疊或重或輕皆可作要看前朝莊水城又名為父子穴一大一小勝生父為正穴子為附之氣相倚看縮盈又名為兄弟穴右者為弟左為兄雖是左右不必拘但

要審勢看重輕又曰名爲胎息穴胎穴在上息下域胎穴抱養
胎來是息穴成子離母後又曰名爲逢鋪穴行龍左右坡窠成小節
行龍五節有出節等變跌後曰斑又曰名爲斬關穴纏托迎送
龍去程曰門可入關而斬奪乃是氣腦上橫出穴不端或不正斬
取出來人造成又曰名爲截路穴騎龍脊上截龍精發財發祿
可三世宜尋救穴不可停又曰名爲疑似穴過了龍穴餘氣
成積龍入穴又曰穴若頭恰似親弟兄奈何龍氣已先住後
曰形巖氣不行又曰名爲來氣穴龍向腦中出低平不作峰
腦并鵝膝田面平濶不分明去作田中生窠穴血脈微細出
輕那纔曰好朝并好水出乃官來生子承又曰名爲花假穴

龍不穿心偏節生穴如捲乱背后鉄頂工仰凹窩倚題

論穴結法

山壠陰勝其數處變為少平(陽)處變為太陽結穴多在平
處平岡陰陽相濟起脊處是少陰離脊處是少陽穴
多在離脊處平陽洋陽勝故名培土穴多坐空朝滿穴
口多(左)星辰工立武水纏前砂高厚發福尤速

怪穴

或結高在萬山(巔)天巧穴堪升或結低在深田裏沒泥穴堪取
或結孤露八風吹登穴自隈隱(高突之中有窩)或結在水中央四畔水注(窩中有突)
洋或結石穴瞰泉出竅葬后泉乾燥或結石穴通水邊葬后

也曾見穴如側掌
卻與仰掌無二樣也
有龍虎兩頭尖左牙
右劍休要嫌也有龍
虎缺右嘴時師到此
何曾喜也有主山似

牛軛也有前案
似拖鎗

顧祖雖不畏朝
高亦必其山闊
而平正秀麗方
美

楊公云貪處廉貞
梳齒樣長枝有穴
無人葬

水城遶或逆又穴居龍脊騎龍貴至敵或逆又穴栽龍脈斬閃（此地力大氣盛餘氣遠）
吉又格或逆又穴傍湖濱秋冬始見真或逆又穴落田疇春夏死
交流或逆穴在皮土上名曰培土葬或逆穴在石罅中名土氣斷通（所以防水）（得案收回方美）
也曾見穴水直流下后出公侯也曾見穴砂斜飛下后着緋衣也（曜星飛揚）
當見穴至包藏一窠在平洋也曾見穴多餘氣山去數千里也（坐空朝滿其后必有水繞不足畏也）
曾見穴坐後空得水不嫌風也曾見穴面前朝顧祖不嫌低也（子孫見祖宗則尊卑之禮出乎）（自然若客山高逼則有凌壓之患）
又巧穴名合氣來脈從龍至也又巧穴名龍脫來脈水中過也（水界土脈而不界石脈）（若開窩鉗自有本身龍虎衛穴）
有曾見穴乳直長左右沒擱者也曾見穴腦偏側時俗識不乃（后有鬼樂方朗）（為內堂）
也又穴下生窠嘴楓葉三叉體也又穴前嘴直長鑿作臂嘴遮（頂來脈成星体處扦穴栽去直長鑿作逆掏一臂）
樣也有穴后是空槽玉筋夾饅頭也又穴前是空深溝金槐（此合鉗穴也）（此方鉗穴也）

破軍變貪狼
入穴如拖鎗

平坡

垂帶

合氣

也乃高峯下垂
帶也乃昂頭居起
首隴首也乃平坡
到左右也當見穴在
平洋地解勿高岡也
當見穴臨水濟四面
合也在也當見水分

此是祿存帶祿去長脈之穴為正形
貪銀檀也有醜穴如鵝爪孤露之人曉也乃醜穴似牛皮癩垣
平坡之穴微有窩突
左旋要水繞左邊
右虎要水纏右畔
使人疑也乃醜穴少人瞬時師容易棄也乃醜穴體粗頑細認
只要前山曲抱轉對著正形官不絕
橫來直受直來橫局
太極暈也乃怪穴是指凹窠起覷身高也乃怪穴似拖鎗只
要乃星峯夾照不
要纏藏長也有怪穴如闊斧須要兜窠守也乃怪穴全龍
然本身開口即是抵脣水朝即是山朝
虎何人將眼覷也乃怪穴式全菓山諸水聚其間也乃怪穴如反掌
窩鬧形微仰也乃怪穴是鐵皮包節認至微也乃怪穴如仰
乳氣盛前頭下乃如壁上撲飛蛾細看突兀多乃如壁上掛燈
穴為坦中
陽中求陰微求緩
蓋但見形微坦急山忽然一坦平穴向此中停後龍到頭突
宜葬其顛
忽起穴向此中取

怪穴辨式貳歌

八字流兩边不怕面前傾又跌君如下得騎龍穴百子千孫非浪說狀元榜眼探花郎將相出信盈帝闕

穴如反掌仰掌　左右二樣

穴名奇怪人不識造化原來可測休將何當亂九星不見使人驚騎龍須要居龍脊龍貴在全敵斬關已見前人下精發久嫌假葬穿閃跡在田中水邊是真龍捉月雖云在水中還要土來封坐空轉面去張瀾不怕八風搖主珠墩阜出平地三個五箇是仰高須上現星辰平面最為真

騎龍穴法　要立穴處有平坦面真亦謂玄武吐舌二維長前山橫攔反者皆出廢殺穴同

真龍踴躍勢難住結著穴了策還去龍身亭起策踞巖四方八面皆會聚外陽不論名和兄只有藩垣扶夾輔左右護龍並護衛四面交鎖正龍居或作牛肩城象背或如鶴膝蜘蛛肚鳳凰腳抑龍吐珠天馬昂頭蛇過路前案不拘尖圓或橫或直

大幹貴龍之結作七分是奇怪三分是正形枝中幹龍及富厚之龍則決結正形正象蓋穴庸則出人亦庸穴奇則出人亦奇故欲求上等之地當知奇形怪穴更有一說正形正象之地前人俱已與過留至今日者多是奇形怪穴耳

穴結乳頭須要藏風穴結鉗中須宜避水窩形要抱抱有情不宜偏側尖鎗長乳要外山抱裹梳齒穴要有節包或開窩開平

正穴偏但尋真氣居何地看敢在天心十道全或在平陽或溪边或在高峯半山上或踞山繞千萬里

或然水去千萬丈神仙方識其規模自可一湖通西湖教居細恐人人奇怪

左右纏○○護○○不曾離水雖前去三五里自然迴還合天機

徐試可曰騎龍其圍行龍前去山窮水盡或體頑局逼到頭並無結作真氣聚於腰腰脊上自起細巧星辰四圍關密局勢團聚結于腰脊上騎騎成穴前山迎迎又去止處餘氣作穴福力最大其法另三分坐來山作穴以去山為案是為騎龍也以來山作案反以去山作穴其為倒騎也或以中一山作穴扯左右來去山要穿座樂坐有鬼撑之案作龍虎其為橫騎也

穴形正變巧拙辨

上起頂下垂乳龍虎抱護其懸乳穴也重龍重虎其攪背穴

也龍虎一長一短其有脚穴也或有龍無虎有虎無龍其單股穴也坦夷仰卧其平面穴也凡五者穴之正体也開口穴其下有乳也本體穴其無龍降也側腦穴其頂不正也沒骨穴其無頂也凡四者穴之變體也巧者以其穴形完美地勢異常使人驚也拙者以其穴形醜陋出於非常使人疑也凡巧拙之穴謂之怪也天下不外總龍認得龍真自然穴的

穴怪而龍不怪造化既以泄于龍矣豈復示以穴乎知其審龍自可得穴但既大之地其怪尤甚語云地有十分大穴有萬分怪是以古仙哲師點怪穴未嘗不細用心機參詳思索或一月而得之或一年而得之或數年而后得或十年而后定不敢輕易以

為是必深知其性情洞究其玄微劃然神悟透徹真機
果乃定見造化在乎手矣古云望勢尋龍易登山點穴難若
還差一指如隔萬重山大抵來生氣全在點穴而點穴須容發
精詳返覆玩索是以衍筆如廖公看沐國公祖地盤桓月
餘董德彰用倪御史祖地三遷其穴斟酌意點鄭氏難
山地二十年始得其妙皆慎重不敢苟如此

文騎龍穴

福建林尚書名見素祖地鳳凰嘴書百形江右張忠定公為宰執甲公封忠利侯進士五十餘人

龍脊上出平面星辰四山拱照氣勢上聚前面來山處乃屬餘
氣未小結作有不結其所未散而為陽基其凡結騎龍真穴
必有星辰頓坐處方可立穴若順騎龍坐后面前要于山中

凡作山上騎龍穴要前有官星作案為明堂管氣方奇立穴又須左右有鉗砂護穴穴后有全星坐托或遠山来作護

又有一等騎龍穴前有官星后有抱左边有護穴砂右边無砂如結穴者近身着有石壁在右爲銅牆鉄壁最得力

開堂放水若倒騎龍坐前向后要看來山有情若横騎龍坐左向右坐右向左之局穿衣樂坐有鬼撐之要總要包裹周密四木水二星為上金星次之一要聚局二要垣局三要氣局四要合天心地曜方妙若下面又有好結作則上面乃是斬葬如斬不斷下面之棄上面之棄終被扯下來盡穴在則斬穴消矣

廖氏云斬關其騎龍不回蓋自其腰中結穴前去盡頭不結其為騎龍去龍真去也自其腰間氣脉暫停斬截而作前去送之又結盡處為斬關止此真正也審砂水在合為真氣斬截去龍而葬以去龍為棄古人多於餘枝棄去處斬其山関鑿金井池溝渠以泄去脉猶剩花附條以蔭接枝之義也

若斬脉裁襲得法亦不必拘泥鑿也山也。

壓殺

蓋穴 多見窩靨之象

蓋穴乃天穴也有上中下三格寶蓋（金星）華蓋（水星）冠蓋（土星）也龍虎極高案山齊逼上者寶蓋（正頂）龍虎高案山高中者華蓋（顖門）龍虎高案山不齊下者冠蓋（顖上）所謂高齊眉低在心也（必四方週全八風不吹又必坐下見席不見脚）

脫殺

粘穴 多見乳突之象

粘穴者地穴也乳身有殺不可穴穴於乳下曰粘緊靠乳頭曰穿粘讓過乳頭曰虛粘粘下曰綴綴下曰脫脫下曰拋

閃殺

倚穴 窩靨多

倚穴者即龍身有穴乳中有殺穴閃一旁曰閃殺有定倚上靠脊有虛倚下就有穗看暈氣聚在

花殺

撞穴　亦窩屬多

撞穴者人穴也木則截其分枝布葉之卧火則斬其騰烟吐焰之卧水則斷其分流折派之机土則乘其温和淳厚之中金則取其含蓄蘊秀之間皆撞穴也

脉穴

木脉必直土脉必方火脉必鋭金脉必員水脉逶迤惟火為鎗頭又名退筆主凶昔廖公下此穴用工鑿鎗頭引而逶迤之攻凶而吉舉此為法哉其說貴乎佳但此殺者則依其剪裁之法

息穴　息者少憩也謂脉峻急殺氣太重宜用出殺使氣脉少緩而后葬掘出山頭低平立穴放棺庶免暴氣沖棺之患主發福速

息者挺然而出降殺而立大小不等俗反謂全包蓋逆使金玉棄

於瓦礫殊可惜也書云大金生小金穴在其中尋覓穴即盞盂龍穴也內氣龍脈必須纏護閑欄水城抱裹外應朝揖無風露斜跌暴殺之嫌可下之初息父生子也之繼息子生孫也曾玄嗣續愈多奇特然息之生之有假之真息間星金生土之又生金故曰間星

窟穴 窟生窩窟窟也高山窟窟更之水湖最貴也俗作大湖案天湖藏窩穴展椅是也平地窟窟俗作仰傘金盤仰掌是也皆須接脈為貴不接脈為流水絕穴

窩豬水四時不歇大貴若乾窩四時翕集羣峯列秀亦大貴不以穴下直流為忌葬即發福

木金共結窟穴高山大龍中藏平掌俗謂高生穴殊不知真氣隱密藏象星祥乃至貴之體大星結窟穴如掛燈樣

山谷突要藏風必須左迴右抱平洋突要得水四畔平夷亦免害即泡穴也葬書云形如覆釜其巔可富是也廖氏云如旋螺如覆杓卜氏云平中得一突為奇郭參軍曰地有吉氣隨土而起

突穴凡曰鷄心魚泡鵞卵龍珠及紫微旺龍等形皆其異名耳高山平地多有之而平地為多俗謂盤中果網內珠蛛泥裏龜

平地突最多金木二星結地梅花梅突上穴金土星結以蓋穴罨脉而葬若高山窩中突忌破突宜粘突立穴棺擴宜潛攻突寶蓋寶蓋遺珠亦似金星體骨卻是兩種吐水金穿獨一下要乘正脉若破突傷脉則不吉少泄攻突下前就窩作明堂主發遲遲凸下有水星必結穴於吐水之處滾浪金四圍水星中凸

氣聚於頂

挿穴

挿在偏頗之處人所不敢殊不知中乳殺直露風就其偏處則生氣藏蓄水星分派變則水脉淵大藏則分焰金花則分液土藏則分瑕皆為偏變截剪下之為包藏之穴挿穴即為翼穴也右臂重則挿右左亦如之或左有風則挿右右亦然也

截穴

截其玄武吐舌截其高節或使砂向前不見其去也惟木火二星多有之來龍起伏秀麗龍虎盤抱朝山特秀但玄武出门露胎難粘俗謂鎗頭不下鼠尾休扦殊不知扦中之巧自有妙理且如種木一穴下左右乳以星斜插花接簾水下中乳玄武吐舌殺氣太重須觀其窝之中似鉗非鉗似窝非窝略露玄微頗用工鑿穴堆前勾回脉不見去殺反為富貴穴見左右彎抱朝山献奇秀水橫拱此截之妙也俗謂騎龍騎背穴正此是耳

架穴

横龍横水横砂横案圖

架其若鑄鍾之架左右乃用力之處龍虎臂上穴也左厚則氣聚于左右重則氣聚于右或雌抱雄或雄抱雌各為主雄抱雌為正俗人謂横山是地不知正氣不結因穿穴流注左右隱藏周遍明堂横抱案山在通形局不缺穴為至妙

毬穴

木星毬穴形如美女鋪氈之心穴火星毬穴形如魚翁撒網囊心穴金星毬穴形如新月出彩雲上穴土星毬穴形如寶蓋張空脚上穴獨水低微收星毬穴毬者以其後山突兀職壁峻立難以取穴乃在欲脫未脫之于主山展球者也借毬字以喻拋字之義所謂形也

壓穴離穴

此名擔凹一名天財一邊高為板靠，此穴業處于前後宮仰起
要后照星殺急則脫殺下脈緩則於乳若腰長而上壓其脂脊出
殺下，離其脫殺而下

鉤穴逆穴

鉤者句曲業來龍回其池穴業別山若逆穴詳反穴後

反穴

反其居其逶迤續而情迎山接水顧祖宗而四外朝迴而但
取此堂內寬則吉也反其居而枕也左右陪往臂上力重回受
其穴但反之穴多矣至真乳截以隱而避兔橫直不入俗眼大謂回

受脉有大回受有小回受有左回受右回受經云來作穴時先作朝是也盤龍盤蛇一也左右仙宮二也主客同受三也皆吉穴來龍其曰反穴即回龍顧祖（亦曰鈎穴亦曰曲池穴）架別山其曰逆穴扞餌其曰鈎穴

懸絲穴

形如劍脊中央線落似微高入穴低扞穴直尋微線尾微窩帶線是真的

乱水星穴

若言平洋水星雖突乱漫其来必有一線之脉止必有二水之交作穴必有微開之口兩伴必有微高之砂否則便不真穴也

窩穴　窩小穴在中土薄不得深葬形露不得厚葬大葬宜畧去浮土淺葬而厚大培之窩大口闊宜窩心聚水以為内堂穴宜進

山龍穴在窩之中氣急者來以浮氣緩者來以沉平岡平洋以窩之大小才得其一折之即以窩爲小明堂

窩即開口穴也亦曰窩穴凡曰鍋底掌心旋螺金盆等形皆窩穴之異名耳窩有四格曰淺深狹闊皆以左右兩掬均勻爲正格左右不同爲變格一是左右交會名曰藏口窩不交會名曰張口窩窩不宜太深窩深者有微乳微突謂陽中有陰雖深不忌若無乳突切忌深陷窩不宜太淺太淺則不成者如金盤荷葉之類窩不宜太闊太闊者窩中有微乳微突不能聚是虛也虛冷之窩氣不凝聚窩不宜太狹太狹則開口不真者如燕窠雞窠之類凡窩中俱要須淨弦稜明而兩掬彎抱方爲合格

窩大口濶是張山食水全在接堂氣穴宜出即臨弦蘸水之法

鉗穴長短鉗穴真假全在小明堂定穴全在唇褥唇短穴短準短角角唇出穴離短角星不峻急可少進后星平坦即平開也須穴其腦

星開口兩臂直出為直鉗分開為分鉗太陽之象山龍穴鉗之下手固平洋穴在鉗之總分處以鉗之大小三折之長鉗遞局穴腦橫局穴足順局穴中

鉗穴即開脚穴也凡曰釵鉗虎口合谷夾穴仙宮口單提雙臂單股弓脚等穴皆鉗穴之異名耳鉗穴有八格曰直鉗曲鉗長鉗短鉗為正格有邊直邊曲曰仙宮邊長邊短曰單提邊單边雙臂曰疊指為變格又有二体一是鉗中微有乳有界水分明大頂頭員正切忌乳頭粗硬脚下落槽左右折摺元辰直長一是鉗中微有窩有弦後分明頂頭員正切忌漏槽貫頂界水淋頭直鉗切忌長硬須是婉媚短小為佳若近前有案橫攔尤美曲鉗要彎抱穴場左右交牙大尤妙長鉗切忌長硬亦不可太長太長則元辰直瀉牽動土牛須婉媚為佳惟近有低案橫抱則不忌長短鉗不宜太短太短則護穴不過開脚不真

長乳是垂頭木星体硬忌下當頭須從月口禾鍬天又鴉鉗曲尺蚪口蚩口体察又或居星下離杖法在星旁倚杖法或在中腰以蚪口曲尺鴉鉗体之又或穴于本星之根從月口禾鍬大又鴉鉗曲尺詳之

須要外弓抱衛方為合格

乳穴必須出於蓋帳之中方真土乳平坦而方穴在中宜深亦有居角當就堂窩穴圓為金必尋其凹缺方得真穴若就圓處詳之一名垂乳一名乳頭星閑兩臂中間生乳乳有六格曰長乳短乳大乳小乳為正格曰雙垂乳三垂乳為變格又弓二体一是弓抱紐（紐）會一是弓抱不紐紐會蓋乳穴最忌缺露凹折故必兩臂衛區方為真結乳不宜太長太長則脈不活前輩多以長乳分三停穴大要兩弓擁抱一乳中正不欹不側不跛不粗方為合格乳不宜太大太大則粗頑臃腫須是不粗不飽為佳乳不宜太小太小則力微氣弱又怕左右壓欺須是乳頭光圓左右相稱為美乳不宜太短太短則氣弱力微大要左右環抱一乳中正不粗不跛為

平洋突如蜘蛛結網金鵞抱卵黃蛇弄珠印浮水面水中浮卵沒泥蟲蓋中內浮酥盤中獻果

合格

突穴高山窩中突如珠塊葬忌破突有土龟近水為貴又有池湖中突如荷葉浮波靈龟戲水或云窟中凸是珠凸中凹為窟為粗

突穴即泡穴也葬經云形如覆釜其巔可富是也凡曰雞窠泡鵞卵龍珠等形皆突穴穴異名一耳突乃四格曰大突小突為正曰侈突三突為變格蓋突穴靈光凝聚于中餘氣散漫于外故謂之吉穴大為突面光圓形體須異高山忌風吹平洋須乃水突不宜太高大太高大則近粗頑不宜太微小太微小則起突不真平洋突法以蓋穴冠脈而葬突高山突宜粘穴壙宜潛攻突下忌破壞傷脈

陽落有窩　　　　劉基

唐楊筠松口訣
元末譚寬秘
傳明初劉基
註述

陽落星辰是箇何形如仰掌界生窩或時開口宜融結曾
有人能識得麼
陰落有脊
陰落星辰劍脊形肥圓覆掌更分明或如蔥尾宜齊短世
上何人識得真
陽來陰受
龍如仰掌是陽來自是陽來陰受胎也起節包為正穴覆
杯相似不須猜入首星辰形如仰掌開口生窩臨到穴結忽然突起小泡小塊是陽極陰生宜打破節塊葬之
陰來陽作
星如覆掌是陰龍陰極陽生理在中到穴界開窩有口其

形馬跡正相因入首星辰形如覆掌如劍脊臨到穴內忽然晷開小口是陰極陽生宜就窩內下之

上有三分

入首初看个字巔次看乃起節包邊終看塊硬毬簷

呼龍水三分勢自然

下有三合

龍身三分在上頭更須三合下頭流合襟蟬翼八兼龍虎

好去其中次第求

大小八字

大小八字跡微茫生在節包塊硬傍若是分明為大地但

須脚短莫教長

貼身蟬翼 上之蓋肩則氣凝下旁有夾貼則氣凝中俱無則氣散雖有龍虎無濟也故緊砂龐厚者丁必榮榮緊砂缺薄者家多消索若平洋則以左右空靈為吉穴后坐水即是蓋肩

明肩暗翼歸金魚蟬翼之名果之全龍虎究以雙硬翼

其中軟翼汝知乎

雌雄牝牡

認得脉口認真蹤

王縮羅紋穴亦同砂水暗明先後水細

不分牝牡別雌雄

正求架折

正求架折氣行流正出星辰是正求側出星辰為架折但

縱入首認來由

拂耳拂頂

氣從何入不須猜 自是正求拂頂來 架折由來爲拂耳 須分

順逆莫違乖

前親迎接

前對合襟回是迎接 合襟前對曰前親 必端必正無偏倚

此法由來世罕明

後倚放送

後枕毬簷放送兩毬 簷、後倚自安歸 不偏不倚惟端正莫

法其斯之謂歟

臨頭合腳

臨頭合腳（上分下合）地方真，上下由來真氣凝，上梳毬簷端且正，合襟下對自分明。

淋頭割腳 淋頭者，上下不合，襟上無毬簷，而水流入穴中；割腳者，上有毬簷，下無合襟，而水直流衝動土牛。

無毬（上不分）坡水是淋頭，無合（下不合）名為割腳，流或從上來，穴下合，這般假地亦須求。

眠乾就濕 眠乾者，為頭湊定化生，頭上無水淋來；就濕者，下對合襟門，就合水。

上梳毬簷正放棺，水分左右曰眠乾，放棺下就合襟水，就濕之名理分明。

毬簷

到穴星辰塊硬生，毬簷相似自天然，肥圓融結宜端正矣

口生來在面前

葬口

毬簷下來畧生窩葬口原來不是正他只是天然真正穴就中倒杖豈差訛

羅紋

結穴星辰似覆鍋覆鍋開口或生窩葬於陰極陽生處所以紋如指面羅

土縮

結穴星辰兩口開口開唇下畧生堆亦惟陽極陰生處土縮中生若覆杯

倒杖放棺

于道先于莫口要即兩奠、倒直杖倒其間毬簷之下合襟上

稜對至偏即放棺

急則用饒

勢如雄急是陰來雄急來龍緩處截拋出毬簷五七寸兜　陰脉入首可饒而不可鬪

教黑爛骨如灰

饒則用急

陽來但緩勢委蛇龍緩秤于急處宜湊入毬簷五七寸　陽脉入首可縮而不可饒

免教黑爛骨如泥

藏風脫脉

窩鉗陽也如花之開陽發于外淺以乘之乳突陰也如寔之垂陰藏于內深以取此支壠分陰陽定淺深一定之理也

穴法高低總不齊但依正佐是真機葬經之要高為妙

界水之中低亦宜

棄死挨生雙脉以短者為生長者為死大小脉以小者為生大者為死皮毛以秀光嫩光淨肩厚活動為生枯老臃腫破碎直硬為死龍虎先到者為生后到者為死界水聚處為生寬處為死穴中厚邊為生薄邊為死點穴要挨生處三分土色以鮮明光潤堅寔為生昏暗枯燥鬆散為死又以紅黃為生青黑為死

來龍强弱認分明入穴仍推厚薄情砂已晴明水寬急挨

生棄死穴方清

淺深

深淺由來不等般須分平地與高山高山止與明堂並平

地還深一尺高則仍温日是土一函地理不待窮而露然四斜

南方土薄而多
石氣浮宜淺北方
土厚而無水氣沉
宜深
亂俗蚪字
若底淺易見真
土不足容棺寧
可浮葬外取好
土好厚勻和堅
築客水自消
天露能消煞氣
掩棺堅築一尺以
上仍取浮土蓋之
浮土作塚以受天
露以消新煞庶
無暴災若要迦
右待須必待三年
以后此廖公之
法也

不待察而瞭然其四營見夫星峯特起剥換分明或顯或隱
或山或坪傍分二砂而為龍虎中流一脈而為正斜名曰三叉
所以个字水初分于兩邊（第一分水）而合于龍虎之内（第一合水）住左右而出其中
流脉伏而凸起節包傍生陰砂而為蟬翼水次分于兩边（第二分水）而合
于陰砂之際（第二合水）而稱為大八字矣中脉畧生壞硬而名毬簷傍
水（第三分水）分于左右而名小八字自毬簷下有一坦窩于名曰葬口自（此水同于合襟之際為第三合即界水也）
葬口下有一小明堂而即其薄口二砂隱之合襟于薄口之下其虬
鬚也二水微之交會于端（合襟之即金魚界水）其蝦鬚也凡四种之證佐也何以别之
个字三叉節包硬壞其龍之證佐也毬簷葬口薄口合襟其
穴之證佐也硬壞之證佐而為護龍之蟬翼護穴之虬鬚

水之證佐而已證龍之八字分合證穴之界水蝦鬚惟是陰

砂其義不同其名不一蔵于龍虎之内生于（蟬翼砂卧以蔽于穴后乳穴）節包之傍輕薄貼身微

（必有牛角砂合于穴此穴必有之）

莊拱護如蟬硬翼之下又有軟翼故名曰蟬翼如人腰帶之間所佩

金魚故名曰金魚邊已邊全而已股似股暗之稱邊明邊暗而有

似肩暗翼之歸証佐似矣可不究其理乎蓋理其陰陽牝牡牝

為雌而牡為雄也以龍論之星如覆掌或生窩口股嘴來勢雄急

其陰落而雄龍也星如仰掌或生窩口來勢但緩其陽落而雌

龍也以穴論之龍之雄者結穴累生窩口是陰極陽生而為少陽之

穴乃雄龍而雌穴其矣若生窩口而仍如覆掌股嘴其而龍穴皆陰

雄也龍之雌者結穴累生小珠是陽極陰生而為少陰之穴乃雌龍

所謂拂頂拂耳對設葬法名字也今俗師以為真有氣從耳中入棺者非也若葬得中則氣必吸飯滿數皆為氣也豈真在耳在頂之入乎哉

身合金生砂水穴前齊到也合襟身砂水左右揷映也

而雄穴生焉若夫生雄而仍如仰掌窩口穴之大陽而龍穴皆陽雌也羅紋之稀少陽之穴其紋如指面之羅葬則切破其唇土縮之稀少陰之穴其土如縮而中隆葬則休傷其頂砂之明屬陽而為雌砂之暗屬陰而為雄又看龍從何來氣從何入星正出而正求其真龍順來氣從頂入故曰拂頂星側出而架折其真龍逆來氣從耳入故曰拂耳順逆既明生死可知龍之強生而弱死穴之厚生而薄死四科易察葬法難明當先定一十字于葬口之中而為十道之名即倒一直杖于十道之中為倒杖之方土揓毬唇必端必正而曰倚以受其真氣臨來故曰臨頭使水分于兩邊謂之眠龍不對合襟不偏不倚而曰前親以

取其真氣交會故曰合腳務要脩飭合水謂之就濕毬簷在上而為放送之情合襟在下而為迎接之意倒杖之法豈為餘蘊哉由是用線牽頂定而開井放棺功切信詚卦例作而消紛有乖氣脉穴法雖必緩急生方而穴為傷龍脫脉之患淺深之則而氣當上行過下過之犯於高則因其來勢之坦緩其乃陽落也湊入毬簷五七寸或一尺以受正氣不可緩之則脫脉至墨開矣蓋穴不怕高但要蔵風聚氣故曰乘風則散依則因其來勢之雄急其乃陰落也抛出簷毬五七寸以受正氣不可湊之則傷龍至白欄矣結穴不怕低但要不過界限故曰界水則止假如平地結穴開金井深過小的量尺許不可太淺之則氣不過矣高山結穴開金

此言方位之家必為審于龍勢也

若四山高于本身
穴宜淺四山與本
身齊宜不淺不
深四山低于本身
穴宜深四山高生
氣盡露于外脉
必浮四山平生氣
必藏于內脉必不
沉不浮四山低生
氣盡藏于內脉
必沉但臨穴時
更兼辨土色何
如萬無一失

葬止其小明堂盡不可太深深則氣從土行矣

論淺深 蓋土是浮土浮土有容水底下是死土死土有黃泉
容水之法可消黃泉無法可避

淺深者葬法收功一大者也術家以五星九星量淺深要其星
於量界測淺深者只將口度動手便錯要知淺深之可以預
定之不可以預定者觀形察勢宜淺宜深者可以預定者幾
尺見真幾尺任手者不可以預定者今乃能得局得星得穴必
審形勢形勢粗大皮厚肉肥者穴宜深若山小肉脆者宜穴淺
此其大略也可預知者也　真穴之範圍有蓋有底範圍即太
極圓也蓋則土之粗者或是石蓋底名土之粗者或是石底
其中精粹之土恰好容棺者天造地設福德藏身之穴也去

浮掘蓋中间美土但要打到是處不須打盡是要度可容
棺々土乃真土棺能格隔水可容安磬如蒸物只要頓在甑中
大氣自上何必到底塌葬土肉淺者打下數尺見土變粗或土盡
變石急下真土作底三寸然後放棺不得將棺直頓死底之上

論土石色　土欲細而堅潤而不燥体質脆嫩鮮明光澤晶瑩為奇　金白木青水黑火紅土黃々々為五色之正

穴結水中用土築城而葬之若石穴多有之石穴最清貴
要力量土穴次之凡石要細膩可鑿土要堅實難鋤石而剛燥土
而鬆散皆為不吉色要紅黃白為上青次之黑為下然以質為
主色次之質若細膩堅實即青色亦好若鬆散虛浮即紅黃
亦不吉矣穴之淺深土色可定其上浮散之土為皮土漸掘至堅

范氏書云土山石穴有如金如玉如象牙龍齒珊瑚琥珀瑪瑙硨磲砂石紫檀碧磵石膏水晶雲母禹餘糧石中黃々石英黃々之類質々脆嫩溫潤似石非石似土非土為吉也若青黑堅硬不適錐鑿者凶也

細之土方為庇棺之既其堅細之下必變為剛硬粗濁之秀乃穴
底不可損鬆清其凝結于上土內細嫩堅實溫和丸之即合散
之若初得天氣之清其正穴也重濁其凝結于下土堅如石乃地
氣之濁其盛棺為朽板也凡穴皆有證應或為五色美石或
為五色美土擁之溫熱有氣或為生活之物色若見之即正位
不可使深若不管鋤動為聽之若已移動切不可殺為作窟
穴物于其內○真土必有花紋有如橫櫛紋其有如水浪紋者
有如旋螺紋其有如人字紋其有如火焰紋其有如花朵其有
如雲如錦其有反覆交鈕如連環鎖子其或點點而五色雜出
其皆造化奇氣所結而成其也○滿山黃土暈中以五色土為

土欲堅細潤而不澤溫也裁肪切玉備具五色若乾如聚粟溫如刲肉水泉砂礫皆凶又曰陰陽沖和五土兼備已穴而溫二言也多見形勢不害而土色俱備用之發凶至于水泉砂礫真龍正穴自然無之如孔林天下至美之地無以加矣乃是黑土稱曰黑墳此其證也

異滿山五色土暈中以純黃純白土爲異暈土一色名一片玉玉名石玉仗人自不察耳但要穴暈真不拘土色果龍真穴的即黑土亦好滿山不黑穴中獨黑此造化作色迷人以待有德者○果暈真即是土好不是土亦好滿山不沙穴中獨沙名氣眼穴滿山不泥穴中獨泥名龍髓穴滿山土堅穴中獨弱名天脆穴滿山不石當暈穴生一石名石古穴石大如棺方正名如棺古此穴中以待有德者生○蔡氏云石山土穴要如龍肝鳳髓猩血蟹膏玉滴金線紅縷翠柳金黃茶褐之類及要羅紋土縮砂花羔如錦秀生皆堅潤非土而非土也若得土時穴須淺淺不必深鑿入其間

又論淺深

一言以蔽之

其法在陰陽浮沉陽與氣從下昇陰與氣從上臨下
昇與從棺底而起上臨與自棺蓋而入棺蓋入其葬于脉底
棺底起其扶于氣上沉則深浮與淺全憑于生氣峻與深平
與淺全在乎陰陽峻而脉不露其或一二丈間平而与氣現其
或二三尺之數陰陽中和葬深五尺其勢平來脉從頭入蠢
厚宜深而薄宜淺淺深深之法總不外開土見生氣論陰陽
之為前也
土厚氣沉開下數丈不謂之過深土薄氣浮于皮土之上封培客
土積不謂之過淺況六尺之軀裹而葬之臥於地高不盈尺
察其生氣以乘之使枯骨得氣而已何必過於深葬哉

穴圖大畧

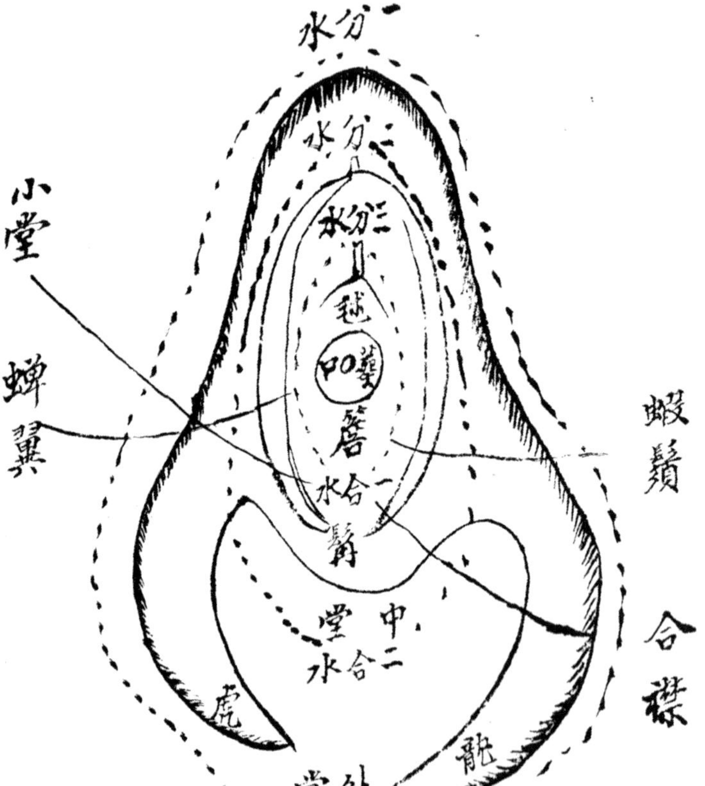

上如毬之圓下如簷之
滴故曰毬簷后倚龍
山上分名送龍水又
名隨龍水穴前左
右合之曰下合又名
三叉水穴前微茫
界水合者名蝦鬚
水又名蟹眼水又
名魚腮水第一功
要也本身龍虎
水本身龍虎水
合曰小八字水外護
水合曰大八字水

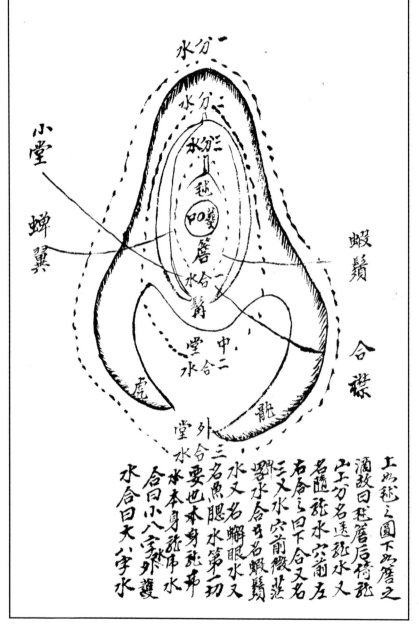

龍脉之來則為分水以導之龍脉之止則有合水以界之故自端祖分一龍來結地而遠必分枝龍纏遶到頭其分水隨龍而來合會大明堂此係龍脉之大分合也次分合出起頂入首一節分自頂后合于龍虎外者是也小分合者穴中証應之甚微也

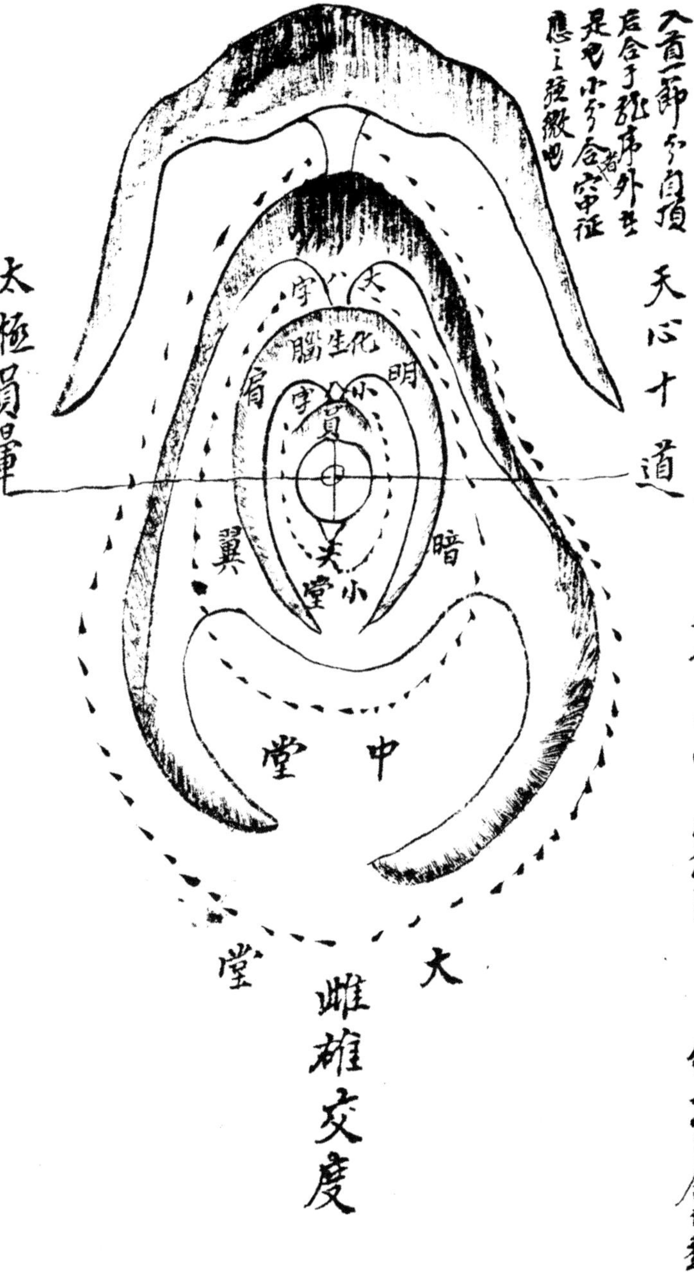

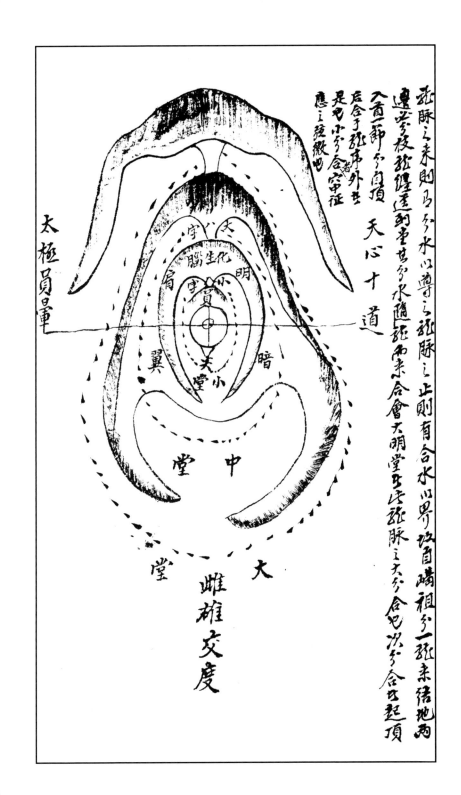

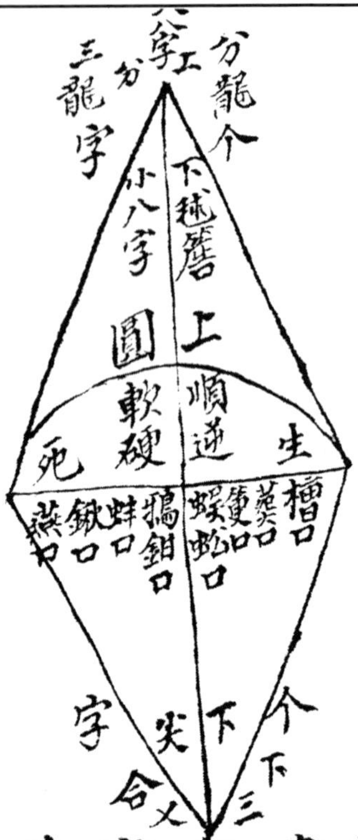

此穴大口出小口者大口鴉鉗也小口微茫水盡處也又名上陰下陽上小八字尖處為陽陰下二小合尖處為陽中央十字為手口穿心喞柴放棺后枕圓前對尖即前親后倚也

點穴法詩本倒杖

左插先到右手入右插先到左手入兩邊全插以何憑看取到頭左右口

羅紋土縮歌

第一羅紋覆金碗隱隱星氣暖第二紋星仰掌窩隱隱

好柔和第三周迴螺殼旋坦坡微莊見第四鄰〻生鉄壁燈搭蹤蹤跡第五窩形燕子巢伏仰妥咸凸第六螺螄開臍蹤不怕金剛肚第七先須認界水怨地浮漚起第八依稀界送訛閃側為盤窩第九庵包疹塊生不怕面前繃第十橫斜金牙口啣紫串前后十一寬平口潤開十字要啣紫羅紋雖是土縮證后樂登前應穴〻要此二星明方可表而真情

入首

第一土縮梳雲月入首真奇絕第二品字齊成山富貴又何難第三到頭橫五尺一品文章格第四出面霞金鐘富貴絡錢

就第五巍々天冠樣入穴臨頭上第六明堂尊貴入壓穴貴難
名第七明睹寒、蟬翼、兩肩左右出第、八長短躍魚鬚著夾脊兩邊
隨第九崇穴吐長舌非壓則閉截、第十貼脊蝦眼形依俯自
然、成土隨身不斷杆斷更堪截一取十二抵脊來撞頭搖鑿
一場休
匠工言檢點羅紋土縮二星證穴真偽故曰入受生徵翅基
當若旋螺剪裁分左右堂氣聚融和又曰出直橫斜全
手口天心十字正御紫要於前面回首望而定之看其依稀彷
說理良是若非傳心傳眼此言反誤之矣
彿似是似非不必泥其形象太真其為得之矣

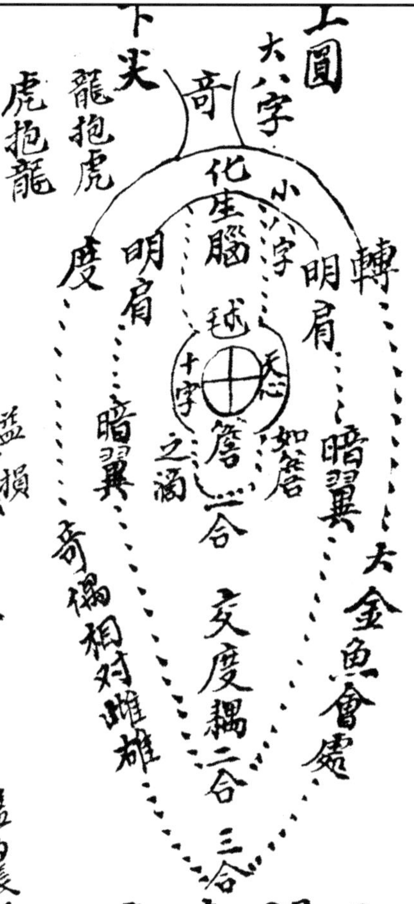

毬簷者滴斷處如毬之圓
如簷之滴尖在下合穴所
謂燈火尾圓在上分所謂化
生腦上下二在不可缺一切要
上分下合細辨奇偶

定饒（益）減（損）分數口鼻訣
益為長損為滴　龍居左陽也　虎居右陰也

有側口即左右口來急饒二分為齊正葬氣聚氣為蚌蛤

取一邊葬頭搭腦正葬一邊饒三分山平簷毬下葬堆口

脉強而急則發速脉緩而弱則發遲

山高湊上口內水勢倒左氣脉鍾左穴宜挨左邊則內乘（補左邊或強或弱或廣或狹或有收其光到者）氣于左外迎水于右宜配左邊關鎖交固是陰鎖陽關之謂也水勢倒右氣脉鍾右穴宜挨右邊則內乘氣于右外迎水于左宜配右邊關鎖交固是陽鎖陰關之謂也惟有朝山朝水則順關順鎖不妨若橫水過宮則逆關逆鎖乃善

緩急

龍急者乘氣以浮龍緩者乘氣以沉毋得以龍脉氣三者之緩急而移其穴凡必有真眼但在暈中而饒減進退乘挨不過尺寸之間因法只在浮沉淺深耳　須要小心

穴星　凡點穴須審入首之山成某星体星体明白方是真氣融結

穆公云觀星裁穴始爲真不論星辰是虛誑雖有正變不同未嘗離乎五星分爲三格端正者曰正体偏斜者曰側腦倒地者曰平面

吞貫以窩鉗乳突四象而易簡之理得矣

沒骨星只正變二格又分于左右撞拳疊指吐舌張胆等

形要逆前氣后對樂山不宜穿薄穿空只宜夾堅夾軟

金星平面太陽身圓面平中心只窩高山△要突○中窩○平地△突

窩○中○突○即謂仰高也靈光生于頂中生氣浮于面上即謂

仰天湖也

木星平面紫氣其脉直來不可當頭下穴為犯主脉殺

要傍脉立穴

土星平腦天財生氣不聚難以立穴書云形如橫几子孫滅

正體中心或兩邊左右有牽珠倒氣如太陽頭腦也可立穴

金水帶腦天財必須脊短有樂為妙

懸乳式

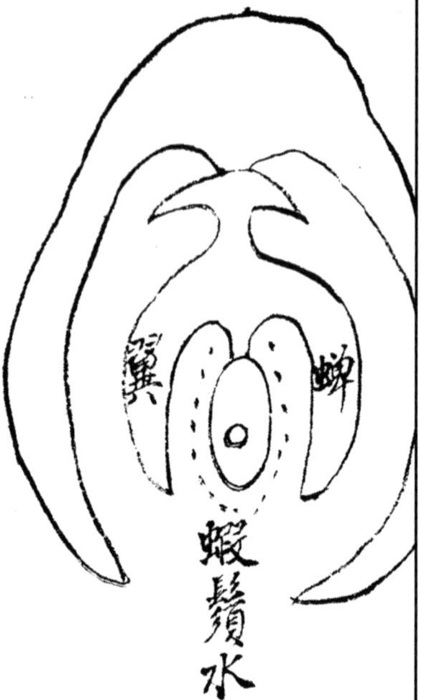

開口

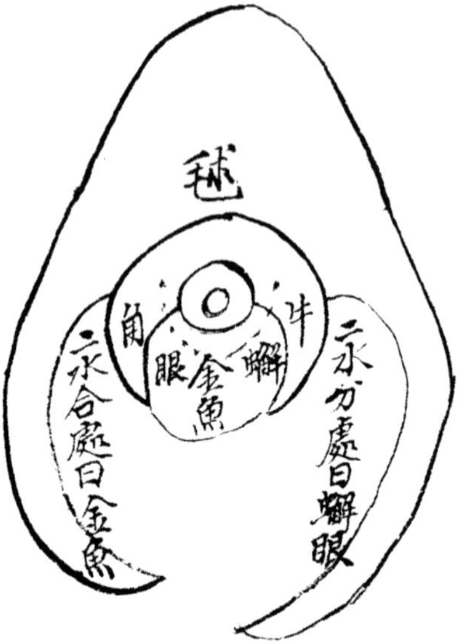

懸乳

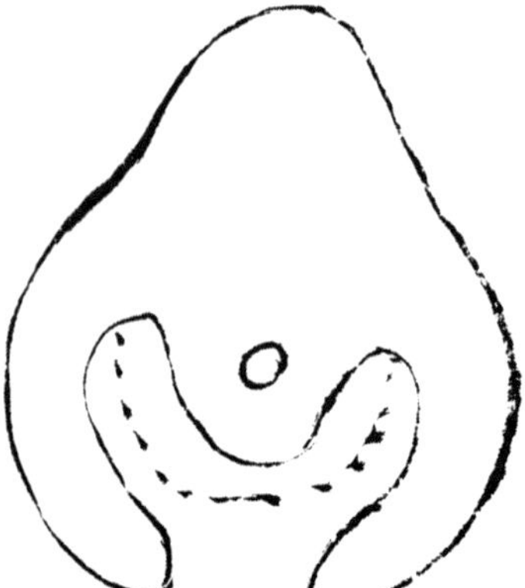

開口

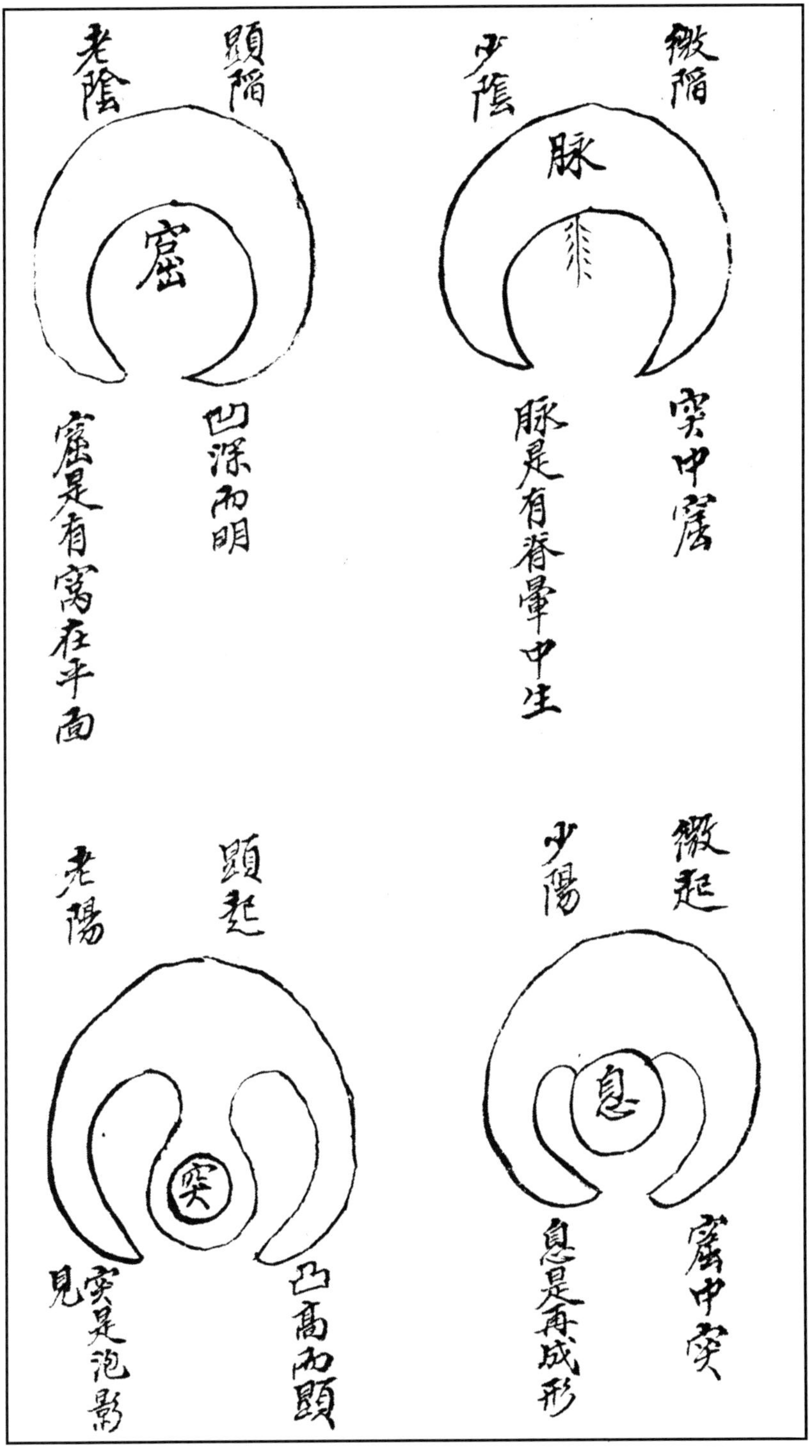
微陷
少陰
脉
突中窟
脉是有脊暈中生
顯陷
老陰
窟
凹深而明
窟是有窩在平面
微起
少陽
息
窟中突
息是再成形
顯起
老陽
突
凸高而顯
突是泡影見

接木歌

相山相水相人樣辨真辨假辨寶回別寶還須南海客
賣金須遇識金人先看老龍來入首便尋順逆定雌雄次
看脉來急慢、緩到頭軟、跌在何方八字打開大小葵三了明
白氣堂濃後倚前親厚薄分莫教脫脉受貧窮玄妙箇
中求造化自來有合定其蹤且看金魚腮水合有來無合
反成凶開門壁上發燈影壁上高低對不同又看水面生紋
浪大向反中見有紅細尋急緩知生死證佐分明便下功
直對尖圓分硬軟接連饒減記胸中界水止時氣便止
淺深之法在其中明者聚浮水面上暗者聚凝上下融擺紋

土縮分明好斗角斜心造化工內氣迎生生氣接便教堂
氣外相通氣脈如人接花木差之毫髮氣不鍾眼力高能
通此妙解令富貴足豐隆

接木葬

著不著只
是爭一角

地理之法即是接木之法
接得元氣其木自生接不
得元氣其木自死

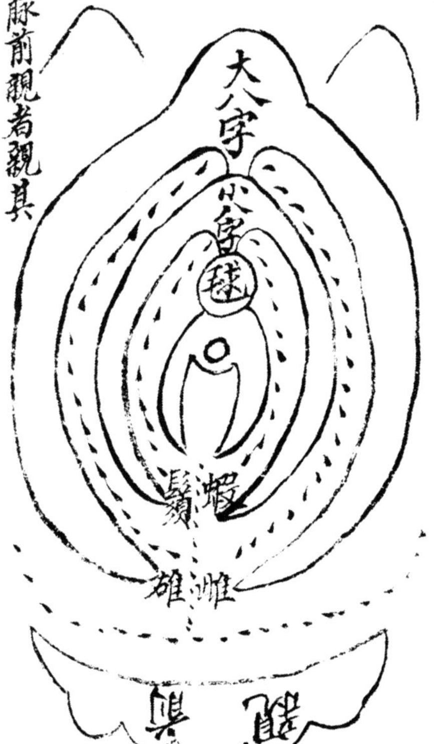

后荷者荷其氣脈前覲者覲其
蝦鬚證佐雌雄看其明暗

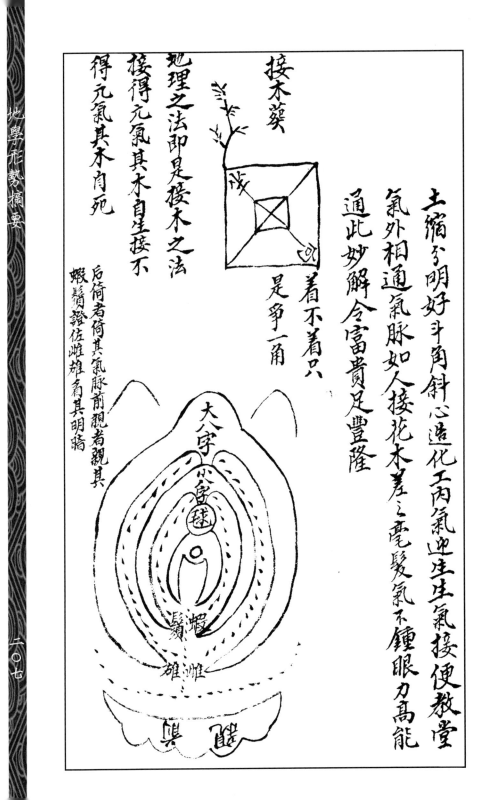

乂者交乂也

天寶經詩訣

兩片三乂穴自然枝隨斜側枕尖圓接迎放送分強弱个字之中玄乂玄口徐氏曰兩片生分水處別為陰陽兩股也三乂即三合也尖指水之合處圓指化生腦即水之分處點穴或斜或側坐或枕對尖圓而不出其外也接如機木之接以棺頂毬而順受也迎如潮迎之迎棄之就其毬而吞受也放乃放置之放毬簷兩就放置于中而正受也送乃傳送之送或送纏于左或送擺于右或斜或脫遠相傳送而饒減也脈強宜饒宜送脈弱宜迎宜接脈不強不弱宜放而得其中總之不外一个字中矣故曰玄乂玄

橫斜直撞金牙口天心十道正御案若能會得三龍水也須能水舊魚腮○徐氏曰識得穴真便可橫斜直撞而葬金即毬簷之心天心十字也以金言生五形中惟金凝結也形体分明証應清白以棺正葬天心十道牙口之中故曰御案盖棺即案也三龍水生自分胎受氣則曰分龍水右曰右龍水居左龍水水來高上分下合流于兩腮而入于口故后倚三龍山前視三龍水故葬書云曰摩其趾起葬其趾止是也分字毬簷水腦身舊腮三會淺和深坐向正明三合水會得陰陽值千金

化生腦蓋高辨明八字從來大小分个字三叉橫外氣毬

簷內氣莫鋤深○徐氏曰工如毬之圓即穴頂之微起腦真氣由是而化生故曰化生腦下於簷之滴即穴下之合水處以證穴內之生氣故曰小明堂蓋生于山之頂即蓋金也毬即分金簷即合金兩傍蘆腮水即為夾金古云四金證穴此之謂也上桃簷圓毬即為坐下對穴簷即為向古云分字三叉尋坐向生成不用使羅經在是矣以三合水立標準于簷平于毬簷葬口之中而葬之淺深權于是古云淺深以隨界水得其是也

金魚水

凡魚水自口入腮出惟金魚水自兩腮入口中出大抵乳突

之餘氣短其形似金魚嘴短水外有兩砂如魚兩腮故名金魚水乃其界水則穴之分合自明

蝦鬚水

凡物之鬚皆出自唇惟蝦鬚出自頭項向前抱顧其首一長一短行則鬚直住則鬚抱食物則長鬚先取遞過短鬚方送入口大抵乳突之餘氣長其形似蝦鬚故名蝦鬚水乃其二股小水必乃其二股小砂一長一短則砂得力而水得食矣倒枝插之獨龍側劍脊及葱尾兩股蝦鬚抱在心是惟乳穴為然

蟹眼水

凡物眼多促露而蟹眼則寬潤深遠兩角彎抱其行也橫左行則左眼明右行則右眼明此以平洋橫鋪直展星面既生乳突節包則必生蝦鬚金魚將窠証穴故凡穴出微窩之中微生圓唇如蟹臍之旁有小如蟹眼之隱下外有微高之砂如蟹鉗而其水之左明右明則穴見矣謂金四指曰明月半輪為蟹眼出其生氣下垂弦後如半輪月即微窩是也

人中水

龍氣旺盛有分兩脈合氣而結乳突之穴之上兩脈並融而結中央一槽微茫水樣槽之下微茫凸起為土毬且以塞其槽水乳突之下要有口唇為証性穴歌云也有巧穴

氣結穴變龍至是也

合襟水 亦曰元辰水

合襟水穴前界脉上分下合之水如胸前衣襟之交合也蓋脉來時有分水以導之脉止則有合水以界之有小分合大分合有三分三合穴前后一分合起主至龍虎証受二分合少祖至山水大會三分合也小合為小明堂大合為大明堂合龍虎內為內明堂合龍虎外為外明堂內界水合除不散曰天聚出其外界水關閉住合于明堂曰人聚明堂外龍虎包不見水出曰地聚穴前合水切忌傾走必須左右有砂攔截使之曲折為美

天心水

天心水者穴前明堂中正處是也融聚為水聚天心主巨富顯貴若反背水穿堂直過為水破天心主人財退敗也處水宜聚而不宜散宜平而不宜直

真應水

真應的泉注穴前以應真龍之結作蓋好龍旺盛結穴清秀氣不盡溢發為泉應對真穴不拘大小但要澄清甘美春夏不溢秋冬不竭瀦而不漏靜而常穩名曰靈泉主大貴

蟬翼砂

短而直微而低翼雖小能藏其體故隱結立穴要乃貼身

訣

輕薄小砂遮蔽過穴名為護翼若龍自右來趨左要左砂內收右水龍自左來趨右要右砂內收左水

牛角砂

凡角直而向外惟水牛角彎抱向內穴之左右為兩股微茫砂彎環抱穴借以為名大抵穴結窩靨其為之穴之內沖融平坦穴之工乃生氣微起名曰王縮恰似牛頭樣訣云步行騎水牛是也頭之兩邊各出微茫小砂彎環抱穴如水牛角收右

量山水法

量山自穴后起一年一步至龍節之吉在則吉凶在則凶在則凶

量水自穴前起水際一年三步水緩三年一步至水之吉者則

吉凶者則凶大抵水益近發益速遠若以水為喝乃看案山無鑑

若以案為模得着

以向定元

向照甲庚己丙午壬主功名早發以太陽照到子光故也乾

甲子庚向且主中元如子山為地支之首壬丙庚向又取亥子

年月日時龍旺山旺則太陽午旺光照在子必主中元為龍

貴更合主命祿馬貴人不犯大煞則驗

消納水法外向順逆八局之圖

壙中內向另論淨陰淨陽以配龍乃又一作用法陽救貧水

法龍切近小水三大會流之口分左右旋格定辰戌丑未因水消納用縫針以立外向與龍水神不防龍山俗師不明于外向亦紐合龍水及坐山一並論左右旋以求生旺其非至以三合泥定全局之法用死墓隨納生亦非郭公云夫來崔源于生氣派于未盛朝于大旺澤于將衰流于囚謝以返不絕法去就水分局截住生旺以立外向千古不易之法楊公之寬得郭公之髓者故其法若合符節蓋到衰即放則病死囚謝之水不見借生歸庫貼以返不絕之義推符細看名郡之局古今名墓十有八九凡水如是其有一二不合者則係案對之山必截粗醜必為趨龍然亦不出官旺之間雖亦能致富但諸吉必不純

全楊公以穴星最純全其立法是以水為星最遠朝墓暮發因
轉致貧〇墓其垂曰龍之四勢氣從八方當申巳亥四勢甲丙庚
壬乙辛丁癸八龍四勢行龍八龍從生盖龍行長遠明開局入
穴必從四長生方開局分龍分序佈勢成局分龍之際當
隨龍之水一同收源生安為之天關又曰元關乃雌龍之水真
夫真婦親切血脈也及結穴時水必圓抱于向前會合一邊
短服之水合隨而去其難足三叉處乃第一重水口生安謂
之地軸又曰元竅乃情納之真情息親切關鍵總以第一
重之難足三叉為主不得貪大水流遠局盖生血脈最真
交納最切處如人臥室之門扃扁鍵不可舍之他求遠取泛

扃音貴門関
扁音賞戶耳

馳外騖也劉太保云眾水趨歸東北坤申之氣施生犀流來會巽辰乾亥之龍融秀蓋謂生育秀陽基陰地其甚元關在乾戌生元竅必出巽辰元關在巽辰生元竅必出乾戌元關在坤未生元竅必出艮丑元關在艮丑生元竅必出坤未凡屬吉地莫在不踐古人將閉寶存乎造化之自然行踐之事也

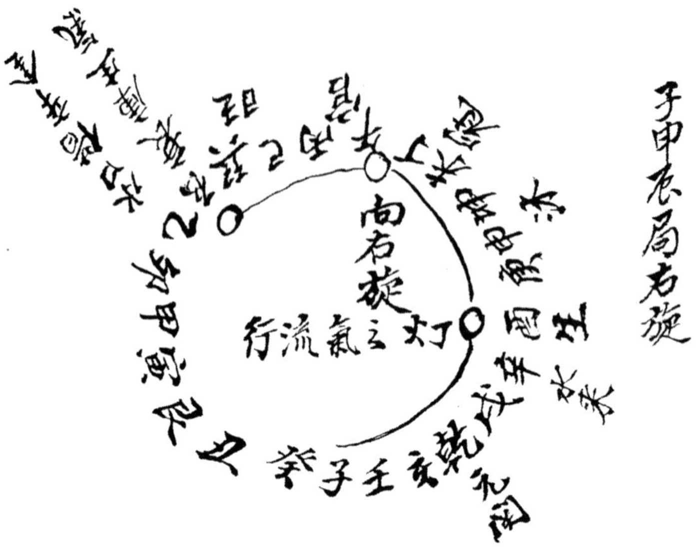
子甲辰局右旋
向右旋
丁火之氣流行

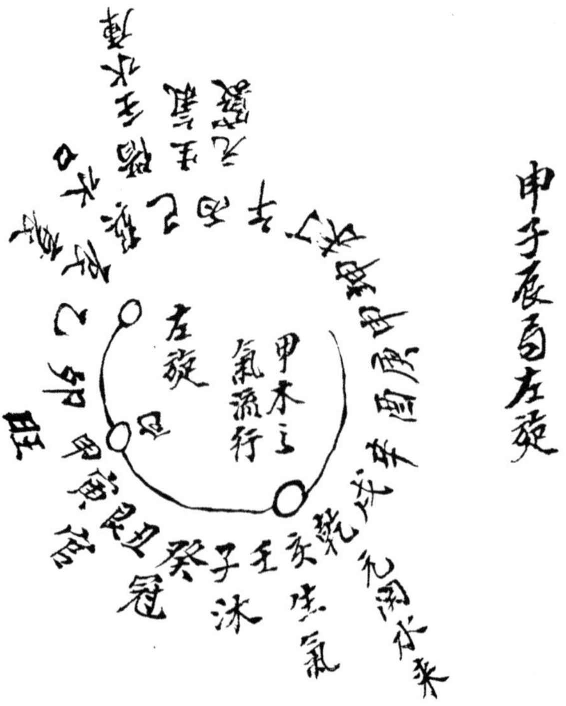
申子辰局左旋
左旋
甲木之氣流行
旺

午寅戌右旋局

寅午戌左旋局

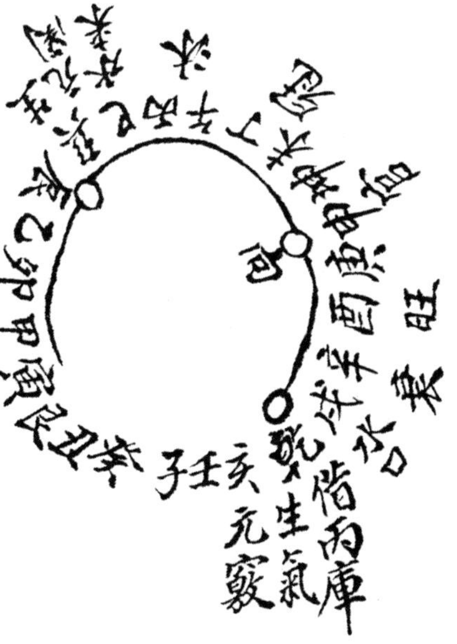

酉巳丑右旋局

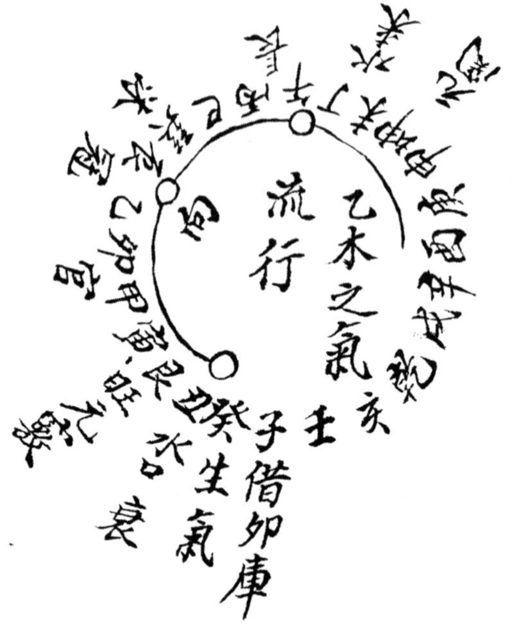

巳酉丑左旋局

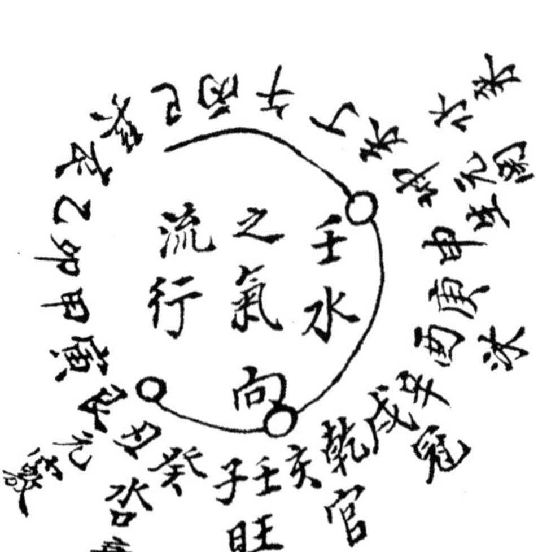

卯亥來右旋局

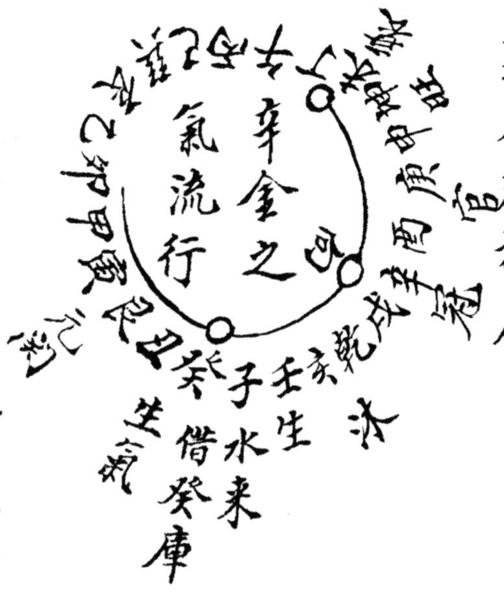

亥卯來左旋局

壬癸爲北方之水水龍自庚兌而來出自卯鄉從生趨旺秀氣乃全甲卯爲東木水龍領氣入東方生甲卯木是坎龍行体木龍入局水木相生秀氣乃出秀言旺龍來生氣而結局体制表也

天巧穴雖在高山及登其穴豁然開闊局勢寬平不知為
高但見四面八方献奇列秀城郭周完朝案重疊明堂圓
聚左右環抱水不傾瀉乃真穴也此地力大上格龍或為禁
穴或出聖賢中格龍亦出將入相皇親國戚神童狀元滿門
朱紫下格龍亦出地○漢高祖祖地在寧都縣靈雲山
牙鼓洞見贛州府郡志及一統志朱夫子祖地在婺源
縣官坑嶺金斗形梁工穴○若據高挹秀未免風寒多
為仙　脩仙務要遊名山切忌孤峯四泄寒蓋　山川之
靈秀所伏羲地在崑崙山頂文王地在岐山之上

地學形勢摘要

四

頑兒問答

頑兒問朱子謂陽來陰受陰來陽作雌雄相食牝牡相應四向如何蔡季通曰陰落至脊陽落至窩陽落生入首星辰形如仰掌開口生窩便是陽來臨到穴內忽然突起小塊陰也便是陽極陰生宜打破節塊葬之便是陽來陰受也陰落生入首星辰形如伏掌如劍脊即是陰來臨到穴內忽然界開小口陽也謂之陰極陽生宜就窩內下之便是陰來陽作也

頑兒問胎居於前配陽為雌伏居於後配陰為雄何如曰仰為陽伏(覆)為陰故陰強陽弱強生雄弱生雌也曰不曉其意願一圖以為證式

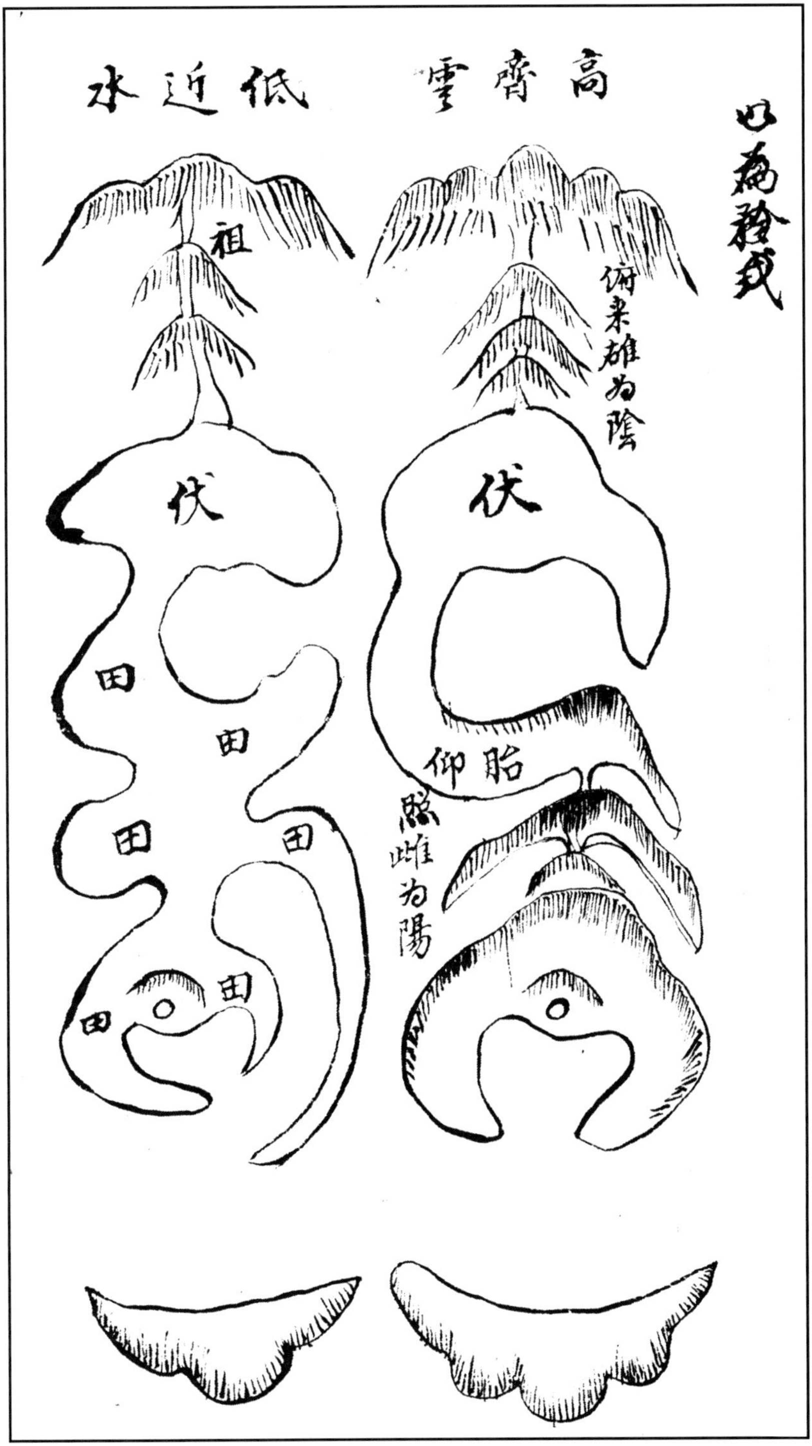

高齊雲
低近水
也爲驗哉
俯来雄为陰
祖
伏
伏
田
田
田
田
田
田
仰胎
照雌为陽

凡山自始分脉曰胎降伏曰息入首成形曰孕入穴融结曰育山離祖出脉之際如人受胎之初及其趋伏而行结咽過峽為息蓋於脉之活而生滋息養成形而前去结穴方有力量如人十月懷胎而滋息也至於入首结成星峯真氣收斂如人將臨盆之月正為產生之期也一到入穴或结窩鉗如人生育女子或結乳突如人生育男子也

頑兒問胎乃孕也必帶胎在上然後生出一个伏何以伏在上而別到生出一个胎來曰伏為父胎為母然後穴為子也譬如夫婦交感必夫在上婦在下然後感而有孕育之既久然後生男女也

頑兒問人有言曰脈乾就濕就濕脈乾淋頭不割脚割脚不淋頭何謂也答曰脈乾其爲頭湊定化生頭上元而淋來故曰脈乾下對合襟以就合而故曰就濕若下有合襟上元元毬簷而被水流入穴中故曰淋頭不割脚上有毬簷下至合襟而水直流牽動土牛其故曰割脚不淋頭

問謝覺齋詩曰有無毬元合不成地有合無來必有來有諸曰

剳語

雖有合界無來名模糊不成地有合無來必無來若或沉或沒界無些子來意亦可一向平坦如鋪氈展席其雖有合亦不成

此說極是可謂見剳語

無等高山行龍穴落平地形如鋪氈展席散如壁土之文浪花

此等形容皆不真切亦不過約畧看泛恍忽疑擬之而已蓋真穴自

滾月雲裏飄飆如灰中之尋線草中之尋蛇宜加目力辨認不

具真眼者知其一見即是不得真訣雖加目力足力何益

可一途而斷

閩常見無人說四句口訣云空手把鋤頭步行騎牛人從橋上過橋流水不流如何曰葬其法也世人多說不明葬中以棺正桃正對向望穿龍前席串其左右二砂即如手把鋤頭一般入穴星辰下來有突起節包形如牛頭狀其外分兩邊流落即如收屯以兩腳之跨牛頭狀一般蓋土牛其穴之異名

也人從橋上過其人猶枯骨也楞其穴也其山勢長行如水之
泛水長行不止直達過界水過斷崖其山止而不能過矣山雖水
行界水止故曰楞陰水不流也又如謂七歲孩兒擔重担
蝦蟆過海不泊岸皆是意也七歲孩兒其孔生頭也言孔
生者任是重事蝦蟆過海其體屬形如蝦蟆相坐下界水盡
不遠過終不能到也如蝦蟆過海不能泊岸也
頑兒向何謂乘金相水穴土印木曰郭璞葬經云凝結者
金流行者水正在其木沖和而收藏其土也皆並言金水融結
乘其生氣而藏其中也故曰乘金又乃二水兩邊而輔相之
故曰相水土能藏金木能通氣故云

頑兒問識陸之五氣行乎地中何以止說金木水土而不言火曰

火性炎上易銷爍而生融結故穴中不言火

穴有仰掌覆掌仄掌垂掌高山有之穴有坐卧人形以手足為關攔

有將軍大坐貴人武夫坐美女斂容醉翁倒地等形各有取用

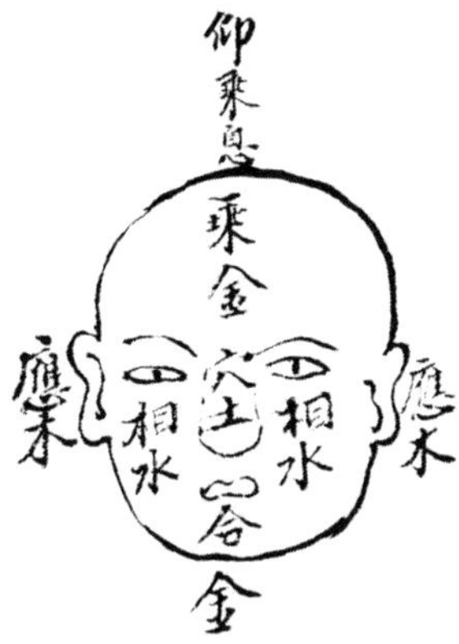

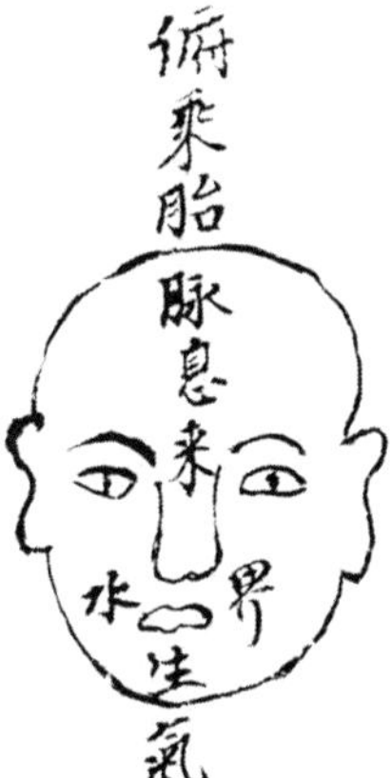

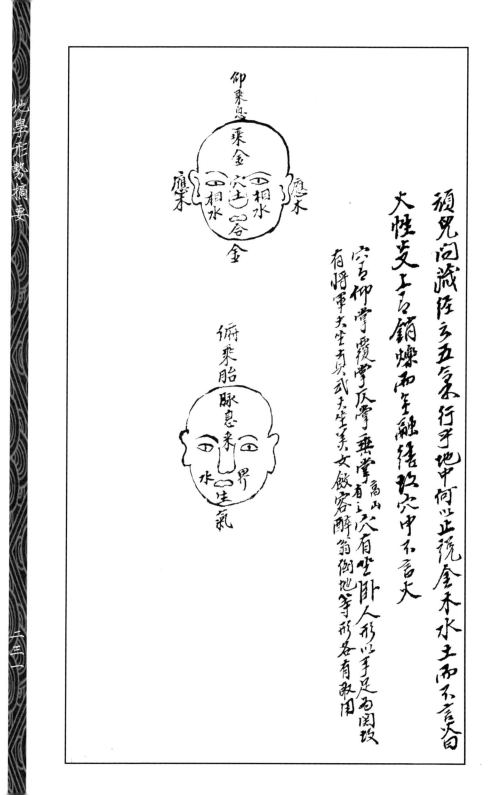

如人頭顙上作開帳不見落脉下一段如鼻梁微掛一條至鼻準頭為毬毬之下為口口即穴也口下為地角又為偏脣則為簷脣口旁左右為頤此即為界水分界所謂毬簷界合蟬翼蝦鬚頤旁笑靨為蟬眼在微茫之間須用心細看分界而中要微高又為太極圖葵在其中所謂眠乾就濕真陰則此正脉正穴是為正求

凡立穴看來頭出脉如人頭左眼角邊出脉其結穴必在左邊若右眼角出脉其穴即在右邊此旁穴旁脉所謂架折凡立穴如平坦來龍則穴宜立在泡頭內為陽龍陰穴又須看其偏脣立面為是如起頂中直落為木星中為活動而來突起泡頭

下爲木星葬節或出陽脈或落於左右則龍頭破頂之氣
却爲生氣出左右開窩更看其微掛一線側閃落脈其生氣
却爲之氣所謂陰龍陽穴又爲排肘〇看地生他識背面
百事已了背如人背面如人面背如手背面如手面以人比山最
切身之五官百骸三百六十骨節處處皆穴而真正主穴惟在男
女二眼若以局論必兩勝此開乃是真局

立向貴迎
官而就祿山
為官水為祿
立向為山水
兩得不然山秀
則棄水迎山
水吉則則棄
山就水臨局變
通為妙

須先問人立云以界限立標準淺深自見用倒杖定向偏正失
先移何如答曰倒杖之法不過是以星辰只看到頭大小八字分
明切莫入首一個毬簷合襟真正看定真假了然之後以杖放
存於毬簷之中上對毬簷下串穴大小八字下對合襟使是坐
向不用羅經隨其所以坐向切不可信俗師般卦倒消砂乃誤矣
予又不可貪愛前山而非氣脈切莫依脈路下萬至一失先在葬
口內定一十字其穴正椀十字之中隨其高低斜側斜來斜下
正蓋正為毫釐不可偏斜謂差之毫釐釐失之千里又曰穴吉葬凶
與棄屍同是此之謂蹤蹟後斷任棄退後人眼力不精而失倒
杖之法好教人立標準法止以尖員為定用竹杖二根先於毬

右是一訣

上為中立一標根為準，次看二水交會，小明堂下曰合襟，又曰蟹鬚。就蟹鬚上再立一根為標，以線牽定，繫於標準之上，即是向坐，任他正出側出，止以尖圓為定，倒臥謂千里行龍只看到頭五尺入首，故胡矮仙教子詩云：兩邊三叉家穴自然，枝隨斜側，枕尖圓接連放送，看強弱个字。字中立又立蓋，胡公用个字為法。其兩搬即分水也，前落即來脈也。落衛其口，用法个字便是。

問葬法既盡，又不知淺深之法。答曰：淺深以小明堂為准，水毬迴旋中界生些子坦窩便是葬口。葬口之下又有些坦平處，便是小明堂。若高山危峭處，只要小明堂一般平，不可太深，深則氣從上過矣。若在平坦之處，可深過尺許，淺則氣從下行矣。

楊公十二倒杖法

首观来勢次審穴脉高不傷龍低不犯冷正不
種煞偏不失氣上对天星下对合襟天星只論氣泡
合襟只論唇中夹耳只論兩肘總以坐下所見而定

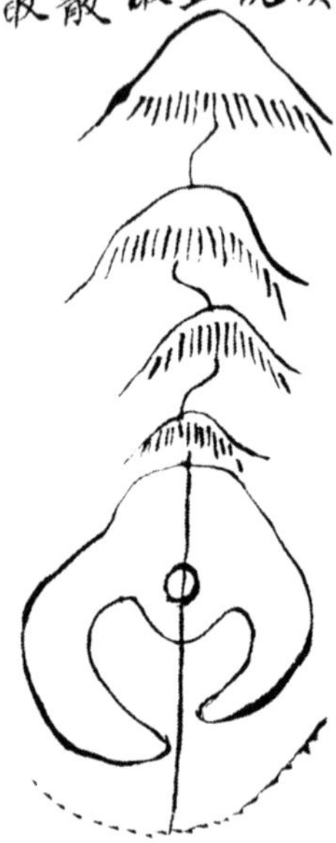

順杖生順接来脉而正受穴也龍勢恬軟情緩脉微逶迤
屈曲而似蛇行无直衝剛脊之形朝案端正龍身和平者然
中聚正對入脉而下順来勢而放棺直施闘接之功不借減

倒杖先認落
頭星辰俯仰正
反氣脉生死急
緩強弱順逆次
看入首放送饒
減如何迎接正
脉取斜斜脉取
正粗脉取嫩散
脉取聚急脉取
緩緩脉取急硬
脉取短串脉取实
直脉取曲曲脉取
直高不露風低不
失脉陰来陽受陽
来陰作或入唇而湊
毬或避毬而湊簷或
枕暗而闪明枕明而棄
暗棄死挨生內乘生氣
可接堂氣內外符合是

饒之力

莫略

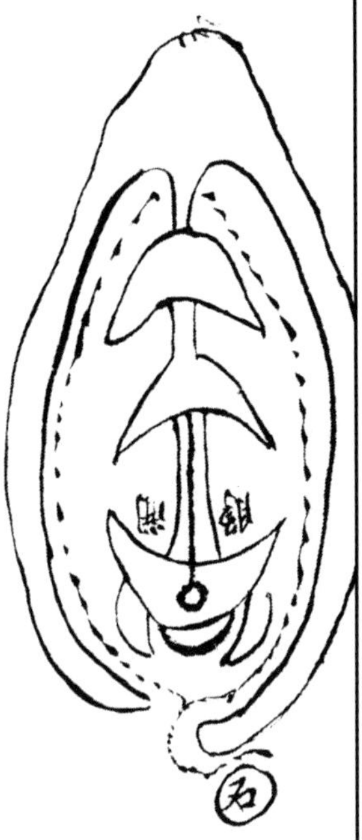

逆枝生逆逆接来脉而倒受穴也祖山聳拔清秀落脉细嫩元辰元枝脚衛射两旁闲静而不逼壓朝山雖係祖山而相对儼若賓主來脉多陰發陽行弱來强結

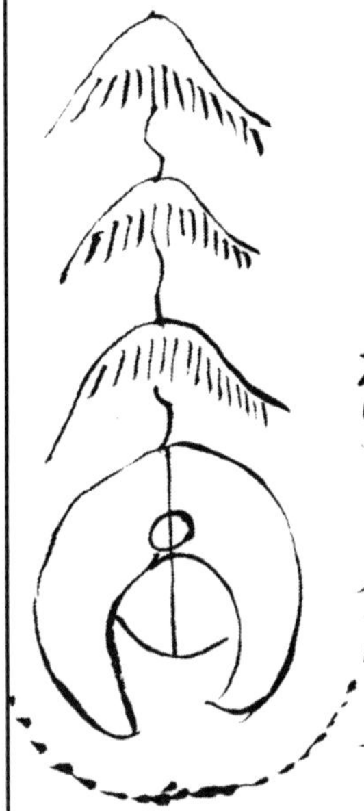

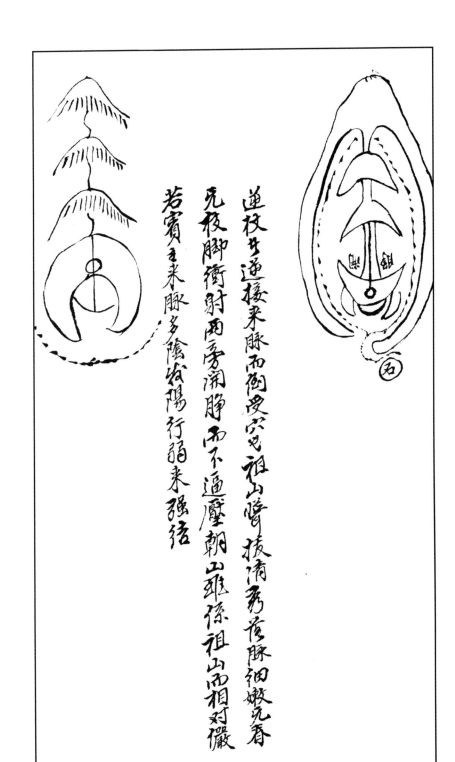

縮杖其來脉緩而短其氣脊在頂則百會顖门之間必發小口鑿開天庭放棺故曰蓋穴

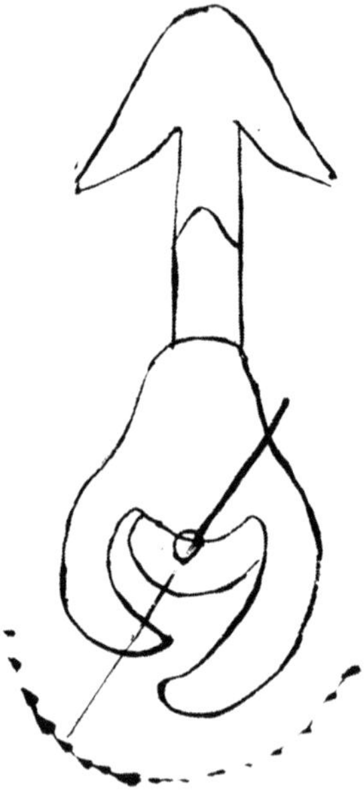

綴杖其以其來脉勁直至盤硬悍而緩急欲分之勢乘剛柔相濟之宜於急氣既脱之前脱出二三尺大堆客土以續脉綴發其穴于脉巴如粘綴然緩其急氣以毋負適止其冲和于骨殖發主驟至富貴名為朝貧暮富

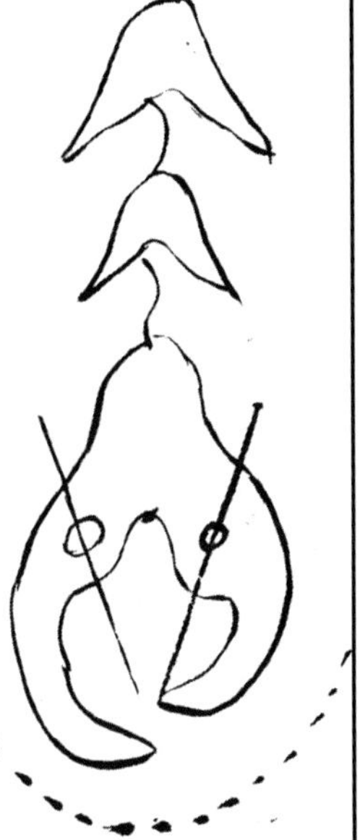

閒枝者脈勢雄悍直硬上上則沖煞難當下下又氣冷不結究尋生氣趨向何邊離脈三尺倚脈雄強將弱處后靠應樂前收生氣兩旁截穴經云主殺衝中奪葬其旁生是也然止二三尺不可太脫陽穴閒枝葬后福蔭雖遠然只偏枯脈歸一邊倚在左生長先發倚在右生小先發若兩閒作鬬生殺也訣曰直衝中殺不堪扦生氣歸隨在兩邊依脈稍離三兩尺法中閒枝最精言

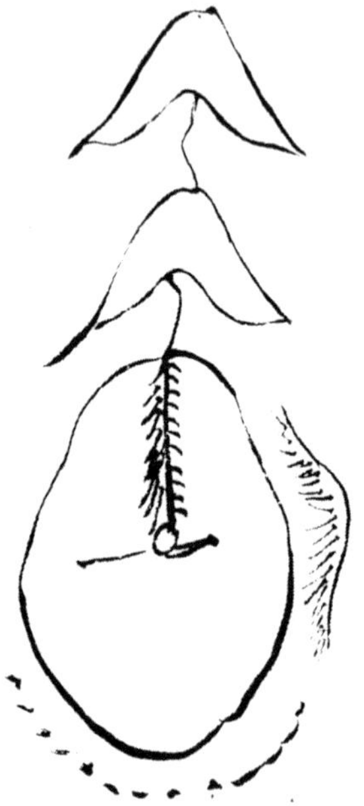

穿杖生後龍直來橫結或斜來正結來勢雄直上下元堂勁直々脈殊無委曲々能然後稍停緩變必開月牖法取十字倒杖放棺橫々枕樂山以案棺首截直脈而注棺腰以絲穿針眼如何鬬斧孔訣曰上剛下急勢接層好覓中停撞樂星十字放棺橫々受脈種花穿杖名誰能

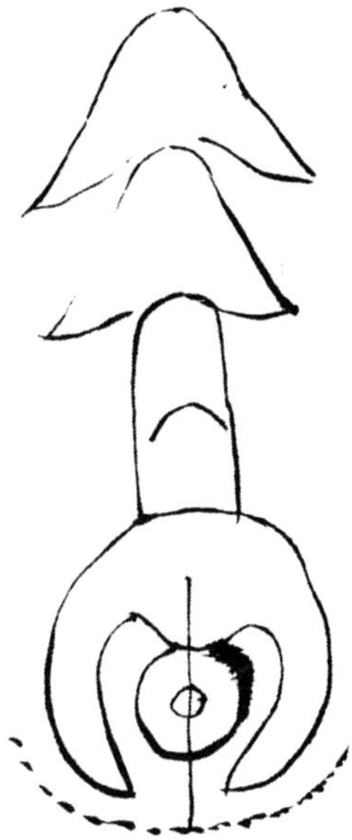

雖枝且以跳雄急而可立穴却于脚下御作平坡如蓋之脱
爛如蟬之退殼或如金盤或如棋局形体雖存而生氣
已脱出于外也法就中脊之盡而正对脱脉之頂中正接鬭
或取微凸之上或取微凹之中畧鍬二三尺土高壘客土为
墳廣高圓厚如覆鍾之狀慎勿深埋不只宜淺葬緣强
勢猛急跌後撒平高象稍歇則生氣上浮平直跌
以不可深葬

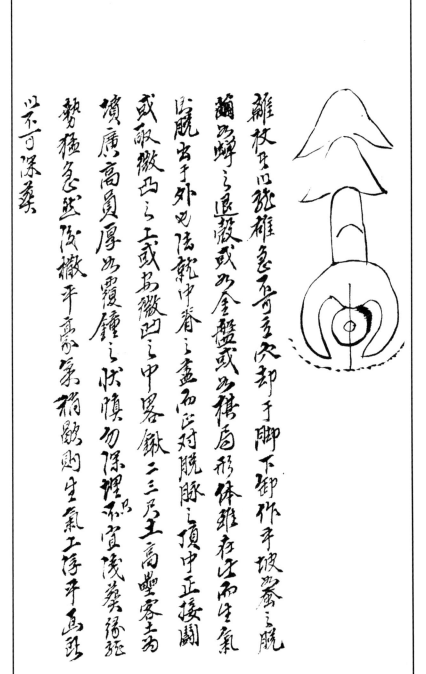

没枝生陰落陽受急落開窩氣沉窩枝名没于窩底脈接来㐫
脉而受穴也龍勢雄急一向陰健直至入首方化開陽窩結穴

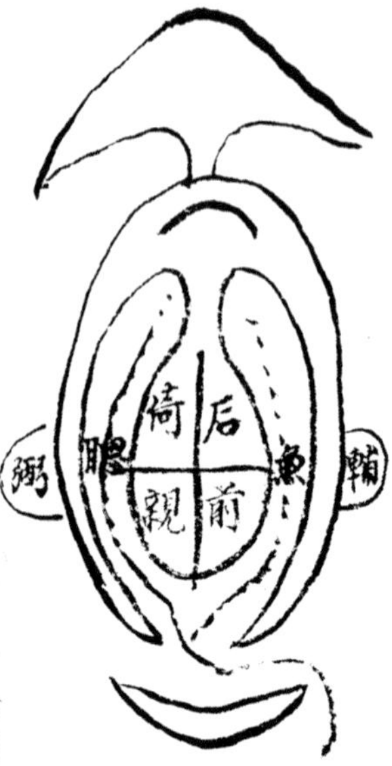

上直中平下怒底剛柔順逆兩非宜只堪對
枝現中正發福須教吉半之

下圖脉直昂怒然然底下居高固峻急處卑則脱
脉上既無停下又無坡傍則不結脉又不成只求高低相
代之所乾濕潤判之間細尋中處以倒杖教棺但高脉直長

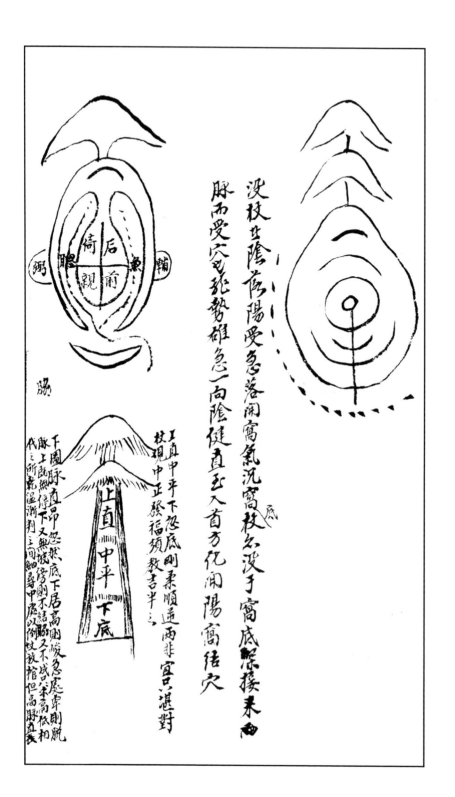

對杖者杖頭際指有情處取其四勢登對而中心受穴乃為真穴張急煞未盡雖已發不免有成敗此吉凶相半之穴餘減不得之外無可剪裁不過隨勢成就而已

正四勢和平惟入首處如一片浮牌其窩鉗乳突之可取但非前後輔弼以天心十道之法裁之

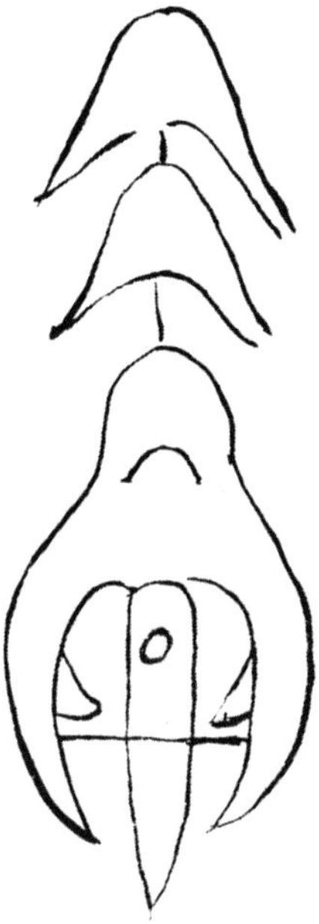

截杖者截去穴前有餘不盡之氣左右不抱之砂頭也來脉兩水夾出一絲橫攔雖脉短局長但劫地而不劫氣宜取其左右夾拱之山截去玄武長嘴以中正騎脊立穴

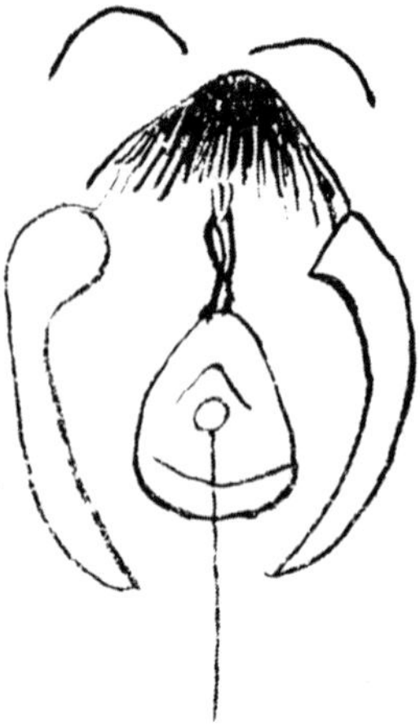

顛枝生顛起高壘堆客土以聚生氣培假阜以配真者局也聚山俱低小迭脫獨高大將入首處卸落平地惟於十字枝中顛墩成穴只名其四山相稱莫疑脈絡不清

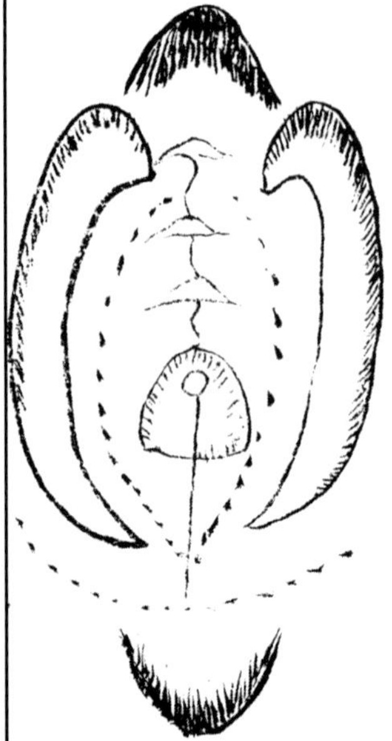

犯杖其傷犯來脈而鑿開受穴也衆山俱高大其就獨低小將
入首處不開頭面惟于孩兒頭上有其陽氣將化之變閉金
取水高居尊位以降伏羣山
倒杖其地理之真訣也法當因其入首星辰脈落自然之勢順
適其性情俾前后左右合乎天然而挑處就實不適界穴水微
茫茫的的知生氣所鍾而放棺以乘之若依卦位定倒以論吉
凶則必變易遷就以致失脈脫氣反吉為凶矣楊公云細認星
辰看其來跡切記交襟的當取穴要看微茫認其來歷入路
分的方可裁截橫脈取直直[illegible]脈取曲急脈取緩緩脈取鬬雙
脈取短尊脈取實散脈取聚傷脈取饒硬脈取軟軟脈取硬

脉正取中脉斜取側脉不離棺，棺不離脉。脉高不露風，低不脱
脉陰来陽受，陽来作陰饒，龍減虎更看強弱。十二杖法依法裁
截出。概論杖法也。用杖之法，持杖指定来脉入路，以定其内氣来
隨轉身看杖所指，以察其外氣，然後將杖後對桃貫前對案倒
一直杖，再將杖穿對左右繳落藏穴之砂，倒一橫杖，以為蔭葬中
十字即天心十道是也。其十字用所畫定，以為前後左右，薄則又
將杖竪在十字中，後前看後看左看右看，察其来脉，想其
性情。脉来不急不緩，照定穴於中；急照從橫杖向前一二
尺；緩則從橫杖退後一二尺。脉来斜推左，從直杖挨左一二
尺；脉斜来推右，從直杖挨右一二尺，斟酌以定倒杖放棺，自生

又云多見時師只識法空去山頭踏遍山聚封頂星辰不了誤人負蓋言不識龍穴聚徽謬用卦例番星辰論吉凶斗誤人不淺也

登山不用使羅經非言不須此物為言只用以定子午卯酉不可照羅經上混立山向耳

天星卦例画目為主後人不得真傳故照羅經而旋轉之孔刘二公反言啟之亦為其不明玄空之理耳

毫厘之差也至於天數多寡在人意會焉不出太極暈一圈之外也楊公云定卦看來是夢中只覩來歷與蹤但將兩字鉗龍脈莫挺三星孔指空兩字予合兩字也又云下地不聚諸卦此言不用卦例非真不用卦為時師不懂卦例之妙故反言之耳若云必不用卦玄空大卦又何為而設哉倒登山不用使羅經又云不問五音並卦例但將好主對賓曾公云尋龍遠視識真龍何向方隅卦例通廖公云純陰純陽真氣出崇徽八卦徽其為第手摘花非論天星宗廟朝而知賴公云內外之水先不迴環內外之山全不拱顧自成大地不須卦例而忽吾也朱文公云第一要緊看巒頭其巒頭定了穴可求若是巒頭不齊縱合天星也只是浮孔明云山川形勢天地之設天星卦例人之自為豈可以星卦旋轉山川之形勢乎劉伯溫

云世傳卦例數十家吉凶充應用不得一行禪師衍數精故意為
造卦例從宗廟五行從後顛倒用假來混真、
倒杖、之法總在十字天心在上分所要立一標杆在左右蝦鬚
環抱處立兩標杆將杖放倒上接乘金之葬脈下迎相水之合
標橫指左右之架折脈急其氣鍾于下宜鬆粘穴以綴杖求
之脈緩其氣鍾於上宜懸蓋穴以縮杖求之不急不緩葬鍾
于中宜懸人穴以順杖求之脈從右來葬鍾于左脈從左來
葬鍾于右宜斜倚穴以逆杖求之故穴可蓋粘倚撞杖可順
逆綴縮不過剛者濟之以柔柔者濟之以剛剛柔相濟中道得矣

劉江東倒杖法

倒杖之法要看脈從何來從何合大凡正出正結總有大小
八字分三路謂之三龍要看中間一路脈落脈上細認滴斷處
滴斷處便是小八字毬簷處員為陰下有兩邊蝦鬚水遶到
脈下合謂之蟹眼口界處謂陽上有三分謂之三陰從天降下有三
合謂之三陽從地升穴之俯仰工夫要取第三分毬簷滴斷處正
立一標準下取第一合分水處要正立一標準即將一線立于兩
準頭上便知淺深定向之法外將一枝從兩邊腮水量度淺深
相去五尺取穴深五尺若是七尺取穴深七尺若將一枝正對穴仰其
將一枝從小明堂正立一標準以一線繫毬簷標準之上一同牽過
又將一線橫牽兩邊魚腮放令要下約二尺兩邊各立標準便

是十字閑壙爲在十字之中便是桃毬之流若是高了一尺爛了上截低了一尺爛了下截又爲看厚薄倒杖放棺頭爲正桃毬簷不關不脫若是偏歸左邊定是左邊里爛偏右亦然若是正出正結須三合入手任爲爲隱然爲第一合貼身雌雄交護爲第二合左右龍虎交會爲第三合其側出之穴亦乃一般股陰流腮紅送到脈盡合其亦乃股的股晴亦乃一片三叉其側出之穴多是逆來順脈放棺亦正桃毬然後略撥棺腳三分正對一片先到陰陰腮水任爲隱然爲的中正不必饒減又不可脫脈之餘氣盡處爲向大凡側穴爲認那邊是生那邊是死若知生死定知桃生氣出死氣標準之工此穴中之推乎相登其理

須其穴準及明堂之準地面相平却用杖約量高低尺寸則淺深之法必明之淺深乃乘風水自成矣

點穴法詩拳倒杖

左撐先到右入手右撐先到左入首兩邊等撐以何憑看取到頭左右口

楊公葬法

擔傘

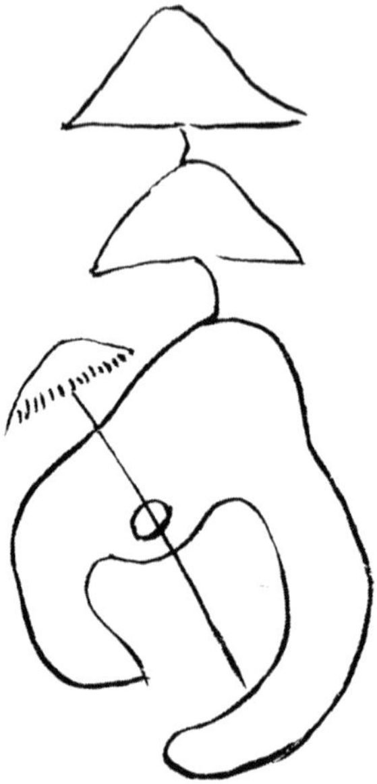

來龍急氣脈真牲中生乳氣穴粘右邊側受倚其后托左臂長而收重寬展如人之担傘也宜淺閒金井若太深必傷再培客土填寔于堂

山葬

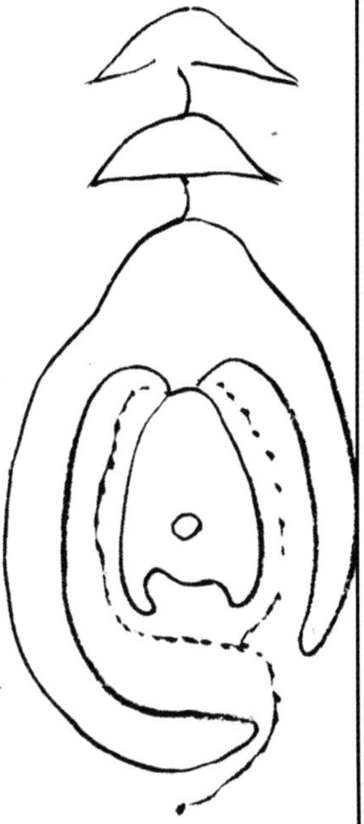

來龍不峻急而護纏又齊整坐下金魚環會堂氣分明宜扦正穴

打開

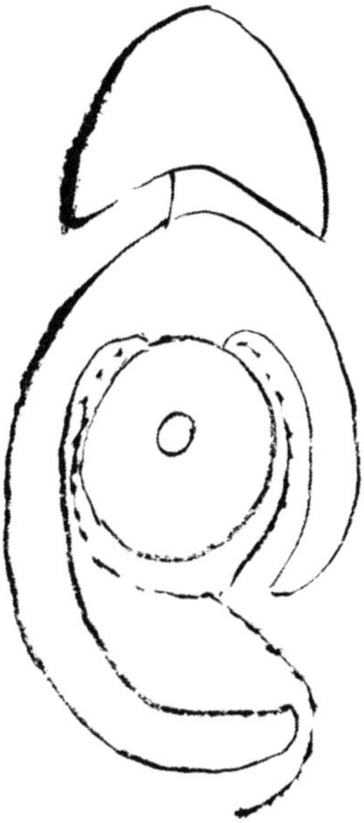

太陽須金兌紋浪須打開深壙作窩約取中之金魚會處

定穴懸棺而葬取中小溫潤氣謂洸金取水

壘墳

來龍已盡已座上急下緩為之墜脈所以平地生突之中有窟不可用工掘鑿以借外城淺閉金井浮棺正葬若壘土成墳先當淺貴之地也

懸棺

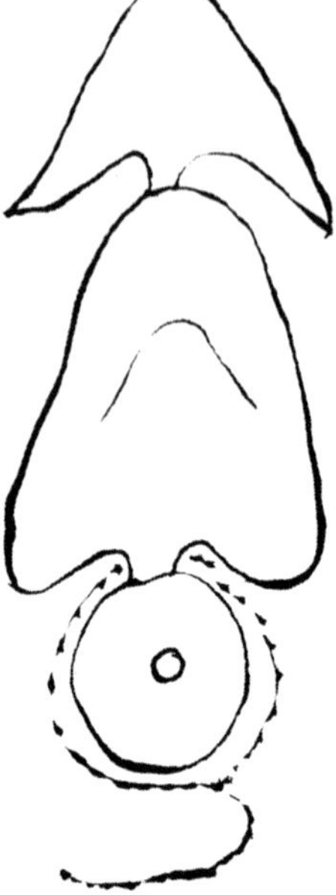

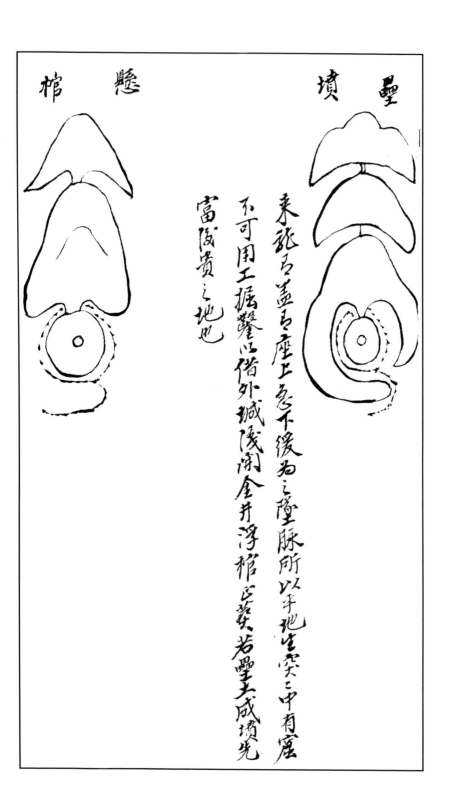

大小剜籃

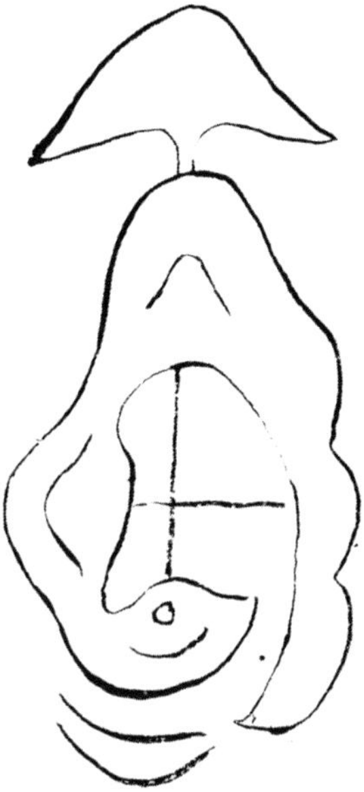

來龍脈急者分有合穴結深泥打太用寬處而見實土井內用磚石結起巨壙壁四石柱于壙內懸棺而下壙前相接金池放三吉之氣去壘土成墳以接生氣

來龍頭高而穴側或臂頭起圓金到頭入首乎不鼠肉受穴水星外應有金水相生之義為大腕偏受一仸存頭小金為迎堂頓祖之意為小腕正受法則不可閑并太深更宜高立墳誠

回龍顧祖

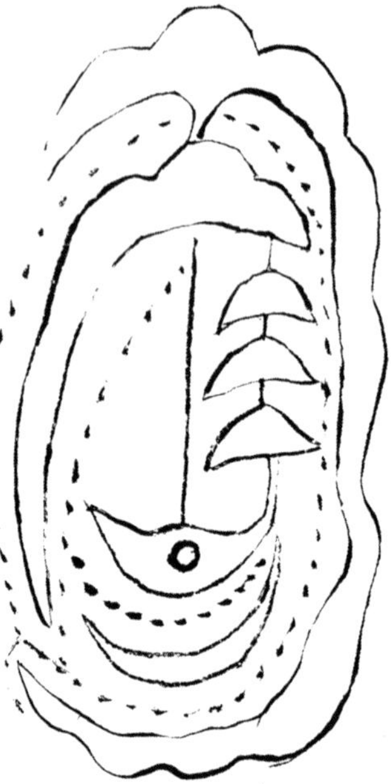

怒來勢蹲而壓穴也凡術士宜活裁度用之可也

來龍急硬過關峽轉而回顧生鼩鼢脈從西至結頓祖迎堂宗族皆轉朝揖至微不拘真假不真穴宜高界邊際開金井稍（亦不可太深）之黃金登水墓發科是也詩曰龍勢過關或過峽回脈轉跌生鼩鼢至微未甚大分明顧祖明堂挨右掃

鬪斧

担門

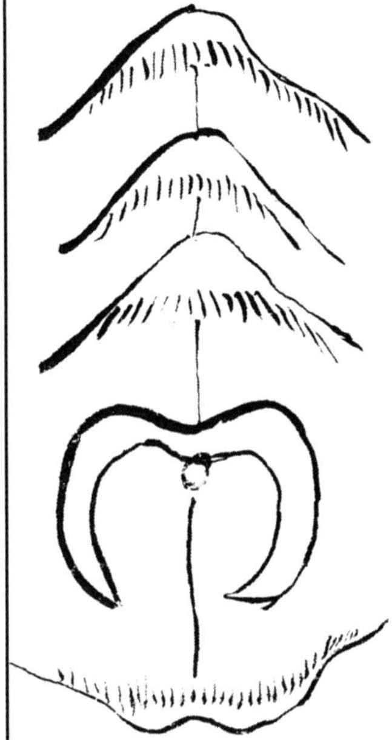

横龍穴要貼脊穴前要有小明堂或一丈方要寬大或来方有緊護或去龍一段勾轉作護砂有情只要朝案重重拱來后有樂山近托如有鬼撑亦吉如樂山遠有風吹穴後必要有鬼撑穴方煖

直龍粗險又无纏護左右前後却有鬼曜番身横作迎山趨水以接生氣情出鬪斧拱揖前朝

就飽

来龍轉跌降脉穴情ゝ若蜂腰ゝ勢合天財两頭金様後正托樂于仰掌中直扦闊井不用太深吞棺不用三分之一

来龍氣緩雖結珠塊坡穴大小不均小面乏牙爪緊密不成局段大邊飽滿而乏分合立微可就飽處而扦廣闊金井深入其棺壙域小壘取坐氣但裹雖曰就飽而不飽也

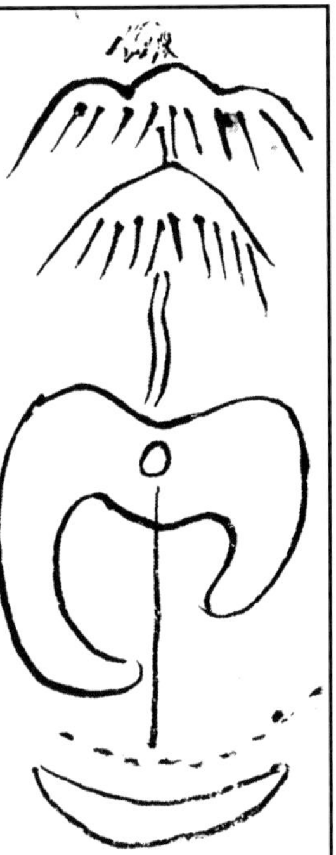

来龍過脉節節如蓋下有金金下有横土似土非土中有灣凹或曲池不淺不深形類似金而又非金庸術狐疑必失苟有賓主相投穴雖有病葬之名為法貼脊扦扦小井納棺築土培前以補造化雖曰傷饑而不飢也

至寶經葬法　劉江東

大凡看穴先認何星次看来脉如有真穴須有兩應證佐正宮入

路分明方可下手四應生上直化生腦為后應穴前三人為前應
邊小塔路為左右應取四應明白便是真穴又要分別到穴陰陽
脈之陰陽水之陰陽脊為陰脈仰為陽水瞞為陰紛明為陽看
氣脈從上八字下看來不問陰陽皆一般體微隱兩邊必之蝦
鬚分股明股暗交送邊氣脈下來謂之雌雄相會之義到于小
八字下看他陰陽配與不配不配生卻元十字水分歸兩邊
配生卻之十字分從兩邊歸送毬簷葬口內名為出殺水不
問陰陽強弱放棺皆用架折葬之則名拂身也十字下卻要
兩股水抱尖圓交是之標臥在仔細辨認十字從邊明暗
如陰生要取其明陽生要取之暗認得真了便是葬口或是

陰脈落穴看何邊，或明放棺或饒一分二分，挨過水以受借陽氣一噓其氣方生，此是陰來陽受。或是陽脈落穴看何邊水暗放棺或饒一分二分，挨歸水暗受借陰氣一吸其氣方成，此陽來陰受也。所謂陽一噓而萬物生，陰一吸而萬物成也。

詩括

到頭一訣少人知，八字分水為定期。看取到頭又正落，兩邊塍路要來齊。兩股蝦鬚交氣脈，雌雄相會是根基。切忌到頭十字水，有明有暗不須疑。或見十字君以葬，開井放棺氣頂穴。強弱更兼明順逆，時師明以達天機。雙脈須教挨短邊，若還齊到那邊挨。看他一脈微微小，挨歸它處作半眠。若逢單股如何葬，

身兩邊微起砂長者為射短者為砍

放棺挨寔便為先斜側教君正放棺怨然埋腳那邊只直看
坐下三處龍向歸來處樂山端曲脈教君粘至路穴中真認際和
寬任是橫斜並肉側棺放須要挑其貴露而不隱為陰降隱
深不露路是陽騰合淺深葬氣上邊斷然白蟻蓋中生陽宜葬
深陰葬淺縱教吉地福還輕

萬金葬法

魏成叔

凡看地須看龍頭結穴處是某名字看勢然后看陰陽在
何處分砂射在何方見陰陽在何處結掃砂在何處先龍何
邊來蝦鬚在何處盡蟹眼在何處開金在何處轉毬在
何處露弦个字在何處員龍在何處合氣在何邊聚可待

在那邊不可倚在那邊些數字討得分曉然后穿心點穴庶免悮焉

毬簷尖員三合大小八字

毬簷生滴斷處為毬之員如簷之滴氣之所聚也尖生下合穴所謂燈大尾員生上分所謂化生腦上下二生不可缺一切要上頭分來下頭合去詳究真假細認奇偶古人云點上頭上水分作兩邊流總要金合總而生中求其斯之謂與

五星九星

山之端圓為金聳直為木屈曲為水尖銳為火横平為土此正體也而五星各變為九星生各龍山九星貪巨祿文廉武破輔弼

太陽君象屬金
帝座星救禍神
太陰后象屬金
龍樓星助福神
金水輔星象屬

水寶蓋星正輔
神木星圓書而
象貴人星行發
神天財倉庫象
屬土天罡星衝四神
皆吉
天罡甲冑象屬
火天鵝星降禍
神孤曜圓圓象
屬金天鉤星吐
毒神燥火戈矛
象屬大劫殺星
起禍神掃蕩旗
鄉星屬水咸池
星流連神皆凶
楊公穴法只有七種
曰乳頭曰窩曰釵鉗
曰梳齒曰犁鏵曰坪
曰戈矛近世所云窩
中乳突別係一家
多在公之法也

是也貪狼木巨门土武曲金廉貞火輔星金祿存土文曲水破軍金弼星水雖名九星而實不離乎五星也吾穴山九星太陽太陰紫氣金水天財天罡孤曜掃蕩燥火是也金星高大為太陽低小為太陰木星開枝為紫氣金星湧起為金水土星凹腦為天財金星粗蠢為天罡土星擁腫為孤曜水星柔慢為掃蕩火星斜攞為燥火

九星辨穴

定穴之法見貪則覓乳逢巨則尋窩餘倣此

貪狼作穴是乳頭巨門作穴窩中求亦結鉗開生窩穴又有落高岡如草菴武曲作穴釵鉗覓祿者第結窩鉗廉梳齒犁鏵頭廉穴文曲穴來坪裡作高處亦么是大掌心落破軍武曲破軍結乳頭作穴似戈矛兩傍左右手皆收定吾兩山皆護轉不能一一直結

過橫結
橫流輔弼正穴難巢仰若在高山掛燈樣若在低平是難
巢穴是員頭亦凹象此是剝換尋星穴尋穴隨龍細辨別欲識何星行龍于剝換處認明何星則穴可知矣

四煞定穴

點穴必先知四煞留心莫亂究惡煞半邊直脫實真令得人
嫌兩邊員淨若全吉從煞穴第一口亡饒半減穴居中妙用奪
神功穴下必生實直腳壓煞穴宜作騎龍高下自半邊挨金法
一包氣脈若直來形勢急脫煞穴宜立須知粘穴落平夷休嫌穴
水流一邊實直來相隨閃煞穴宜閑從來倚脈亦必龍莫實道穴

居偏

論穴倍法

如聚星聚講之下諸峯朝頓城郭周密其氣盛旺其神凝聚則穴法天然而為正結若龍神滂勝形勢雄停如行路停驛者然乃為少結或於穴止龍脈其中結也穴居水口其蓋結也然四者之中其龍身正行而脈間一條橫其為閃脈星辰正向而氣從肩上拖落其為斜脈老龍變出嫩枝為之隱其咽低陽坦而平為之御結雖其變萬化總不外閃斜隆御四者耳

五星巒頭斷訣

金星下穴為杵窩並要莫偏頗金星行龍一个串一个穿珠勢出富不出貴金星飛浪似旗頭因武乃官榮兩脚展翅便為官貴莫作富龍看走馬金星為正直郡師及知縣聰明擬拔好兒孫名譽

達州郡天刑金星出變峰（兩个相並）一婦產雙童雙生發福少人知爲客作財歸武丞三峰（三个）以品字黃甲人及第武丞穿珠走馬祿定出英雄作四方頓起大旗遮忠武衛皇家武丞高大爲坐庫財寶多至

散天馬爲官雖極貴低小爲富地

木星端正（低小）如頓筆知州通判職忽然如筆（高大）入雲中斷家出神童木星低來龍肩聳子清閑術子孫藝術會讀書高者入皇都木星孤身迎江水一代知縣地若見（木星開帳）帳幔後頭生官職坐京城

水星來似生蛇祿因女得財旺後頭金星似覆鐘家富永無窮

火星行龍損出武師祿輔人主其山削木後頭來開閫鎮京

木爲文星居第一凡遇木星俱迪吉爲龍爲身爲砂爲朝所難不乃木星主一種名爲坐木星頭身是木足撐橫作是貴人天座格排衙唱喏多多稟承肥木帶金武爲將軍大座爲官頭

耀出將入相
秀嫩佳麗為美
女若敷卑小足
神童美女妝台
奩具設神童文
筆書桌逢步
年文章甲科第
結婚賢淑富貴
隆

豎者為木橫即
土

臺后頭天蓋地蓋起八座中臺位后若頭帳幙生蔡天下王侯行
火星侵天端正起名出國師位君毖不脫落下半地脈金衣紫貴
大星三五節高起列土公侯地若為天江潮当面衮冕坐寶殿
後是排衙送迎來龍其地出三公大星雙峰后頭起出在雲霄
裏一雙魁箭狀元郎雙職坐將堂樓臺筆架火星起神童

狀元地

土星行龍出巨富端正天開庫若見金星為覆盆金穀遍鄉
村土穴好行龍星分明是兩角端正后頭落土星三四節相連
家內堆爛錢若逢金穴好行龍通判及縣官貴人貪狼兩前
起定出州官位若見旗鼓兩邊朝刺判史大官僚土星穿珠金

水勢侍郎居此地土似卓圭似頓笏榜眼神童出翰翰笏出超
朝是此山拜相已及難至屏櫃庫入雲霄去位入皇朝橫大
土星如工字請峯早及第三橫四橫后頭來官職坐京畿土
星見木座大發發只爲結金穴橫橫土居金貴星起定出藝術地

認太極（在曩先賢及今傳野師說認太極俱反非而笑之以為妄談豈知堂并親天少見多怪今之訣即非真穴哉）

穴場既定須審圓暈在隱微之間是謂太極暈上為水分暈下為氣合乃是窩低處水之合處（容人側卧便可）名小明堂穴必在圓暈則生氣內聚光居則非真穴暈宜緊狹（陽基宜闊大）見暈分明便于暈心倒杖為堂正頂或串來脈（有蔭宜串來脈）或枕樂山（凹腦凸腦側腦沒骨皆枕樂山）前為對案山下為就明堂左右為分龍虎十道兒偏方可

先儒曰太極生陰陽之本體也又曰物物各具一太極訣曰隱隱微微彷彷惚惚粗看有形細看無物（此四句言其清淺易明而入地非道眼莫見方知師傳之實急也）

或謂之毬簷合襟羅紋土縮一暈靈光仰覆梅花皆異名耳

悟道之基

分兩儀

太極既定便分陰陽單間肥起者為陰穴瘦陷者為陽穴是為兩儀陽龍宜陰穴陰龍宜陽穴反此則初扦必吝若上節肥起下節截瘦陷或下截肥起上截瘦陷或左邊肥起右邊瘦陷或右邊肥起左邊瘦陷皆為二氣交感不同陰陽皆可用凡陰陽穴皆為饒減若右山逆而轉者必標準挨右邊二分以坐子午則挨去二分若不饒減則氣直來正穴必偏枯左逆轉者止左右逆轉則氣止右法葬其止也惟二氣交感取陰陽之中乃升降融會之要不用饒減

分四象

兩儀既定又分動靜穴之脈息窟突為動﹕則為四象脈是暈間微之脊為少陰息是暈間微之形為少陽窟是暈間微之窩為老陽突是暈間微有泡為老陰作葬十六法脈之緩者用蓋法揭高放棺脈之橫（急）生用撞（粘）法就低放棺脈之直者用倚法撲偏放棺脈之橫生用撞法當取直放棺息之短生用斬法當頭放棺息之長生用截法當腰放棺息之高生用吊法當落頭放棺息之低生用墜法當踏腳放棺窟之狹生用正法當心放棺窟之闊生用求法當撥氣放棺窟之深者用架法當抽氣放棺窟之淺生用折法當量脈放棺

突之尊者用挨法為緊足之放棺突之微者用併法當敵短放棺突之正者用斜法為閃側放棺突之偏者用挿法為撞正放棺此心傳秘旨最為精密亂用則傷葬書云地吉葬凶與棄屍同

四象圖

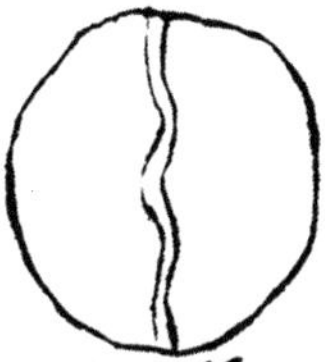

脈象

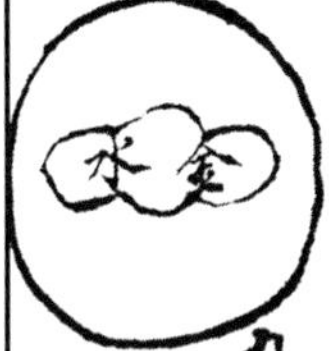

息象

蓋息者憩也又休也止也山氣急直至此少憩而暴氣始和將煞氣于此而休止氣于此而止矣即穴也

息猶鼻息之呼

脈者即血氣之謂微有形迹凡圓暈中界微形如垂絲如瓜蔕如藕絲如蛛絲近看則有遠看則無方是眞微劍脊者非謂之主脈所以為饒減

息即生息之謂土浮起微露形迹凡暈中或起象如蠶窩如張瑰如雞心如魚胞若再起頂腦者非

吸伏趋有四象二曰横息兩星交連后樂前朝中乃穴場法用斬一曰直息兩星過接之所託俤夹拱中乃平息基法用截一曰高息星垂于山腰下有乘胎之星法用吊一曰低息星墜於山下局開於山麓法用墜

横土用斬截進盡生意直木用截接迎生意直息之穴不可變莫以太窄也寧失之小勿失之大

息圓　息象圓体名曰旺龍星即太陽星形如覆釜員頂高聳主先富后貴

息方　息象方体名曰紫微即太陰星形如蛾眉頂（微帯方）工微平主先貴后富出美女

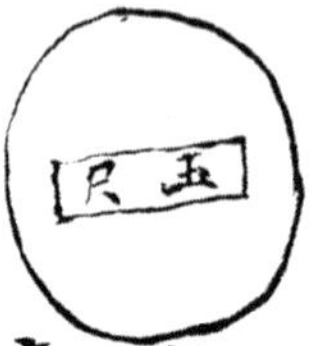

息直　息象直体名曰木星形如玉尺頂平方正横直皆是

息尖　息象尖体名太乙星即燥火星形如雞距中脉從來主出代為貴職

右圖皆似乃似乎若后龍合格見貴如前所論若不合格亦弱小小發福

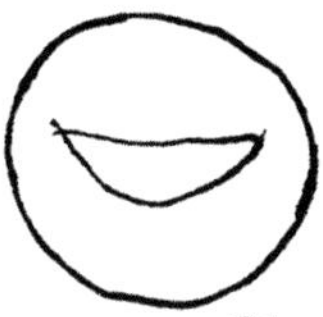

窩象

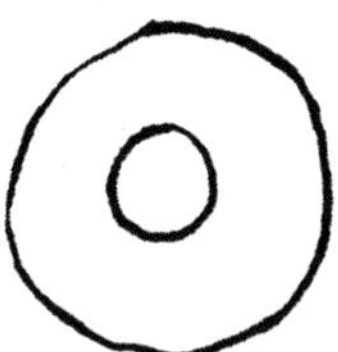

突象

窩即科頭之謂微見形迹凡暈中或旋鍋如仰掌如腹臍如釜底方是若開口圈甚兆起突則妙（惟平處有之多生鋪氈展席之上）（謂之冷窩）

突即泡突之謂微出形迹暈中或旋螺如覆杓如胸前之乳如水面之泡若成大墩者非是中之高頂（惟平地有之多生鋪氈展席之上）則妙與息相似但息低突則特起

脉象四法

蓋穴

此名塞桶漏，初下便發。

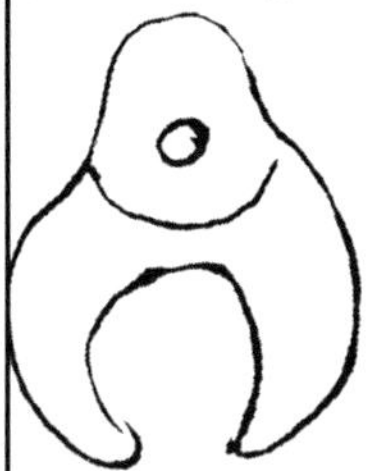

山勢工聚或來脉緩慢而高尋暈啟放棺書云（亦須留腦三四尺后乃可樂不可鑿太深恐壓煞穴因）支葬其巔土牛歌云緩則不妨安絕頂

粘穴

此法謂之朝貧暮富懸乳穴多用粘法

倚穴

山勢下聚或來脈陵急者就低尋棄書云龍墜葬矣亦須霞脚為左右相應或山嘴子在后亦可忌水林穴與脫煞穴同又麄土歌云急脈不怕葬失隈泥是也

山勢中聚脈來急直不可順直下者就脈挨偏放棺如左逆轉則挨左二分右逆轉則挨右二分仍當定來脈不可脫此法謂之南枝花近陽先發與閃煞穴相同

撞穴

此法謂之撞鐘五百年不壞屍

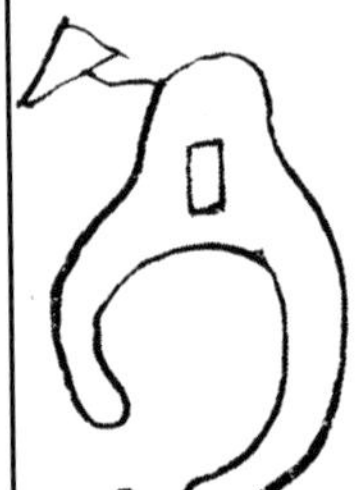

此衝撞者義山水勢中聚脈來横斜者取直放棺頂若微斜而逆受之必要后堅樂也直來當取斜放棺是謂正來斜下斜來正安是也

息象四法

斬法 形如覆子

截法 形如玉尺

吊法 形如覆釜

墜法 形如蛾眉

息象如金水之類形既短狹宜當頭放棺以其來開如斫斷然

息象如木星之類形既直長宜當中放棺其來截相似

吊以懸吊為義息象如旺龍之類形既高起宜當頭放棺當於息下吞入不可壞星頭與吊起相似

息象如紫微之類形既低矮宜鞍腳放棺當於息下粘脈開井不可壞星體與墜落相似

狹窄者用 正法

濶大者用 求法

深陷者用 架法

淺露者用 折法

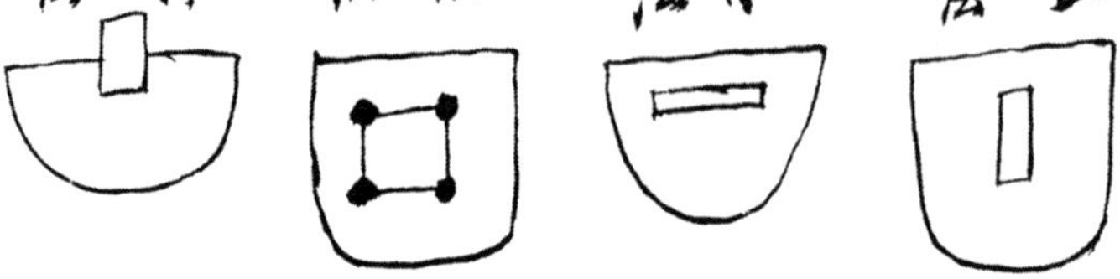

窩象四法

正者中正窩象形狹窄生氣凝聚宜當心放棺本土只滿一尺許壘土為墳必須高大益一等便發

求者求索窩象形既濶大生氣潛藏放棺于窩弦上減入濶井搜尋生氣堆土為墳必須高大

架者架濶窩象形既深陷左右皆高要奇濶二尺許四角立石為架填左右般平堆土為墳宜高大

折者比折窩象形既淺露生氣浮土當暈脉放棺亦宜高大

以小綫從暈心量弦邊得幾尺用定淺深壘土為墳

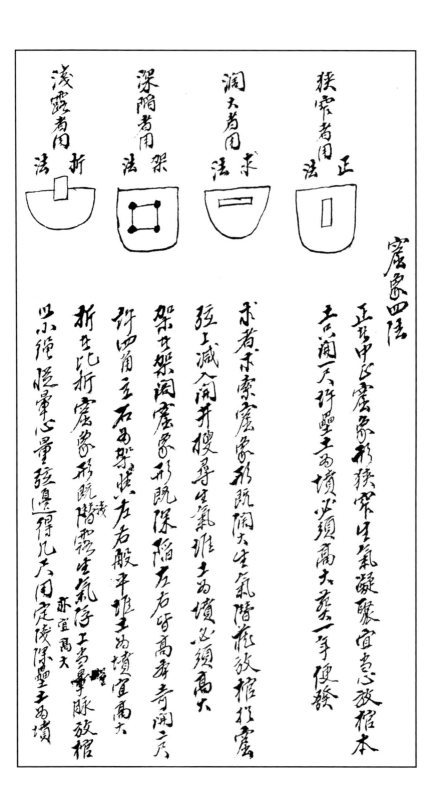

突象四法

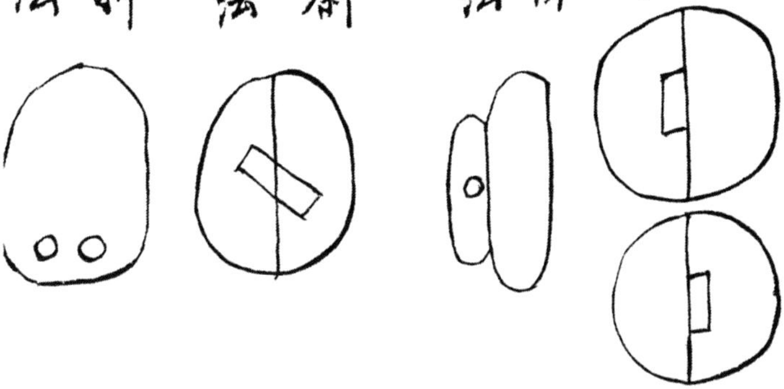

突象形既孤單多邊實邊虛高者為突低者為窟宜葬突放棺所謂單股取突是也只後開金井用土封培成塚

突象形既雙起多一長一短宜取短放棺所謂雙脈取短者是也取長者亦土封培成塚

少其合二而一取兼併之義

斜者斜側形既端正后脈直來不可順下者因側放棺逆受生氣所謂正脈斜下是也

揷者栽揷形既偏側后脈斜來不可斜受者揷入放棺所謂斜來正受是也以其忌閃故以揷名

徐試可曰點穴之妙體不過高低正側脈不過隱顯粗細局不過砂水交會法不外湊脫挨閃訣云傍水尋龍脉依砂向界觀若知首[illegible]活處點穴自然真

水不上堂不點穴
水不入手口不點穴
水不入手不點穴何為上堂水聚天心是也何為入手捉得着是也何為入口嗑得着是也下砂最要緊上堂要下砂兜抱入手要下砂對入口要下砂留

點穴歌

第一要分真與假若是真時山水朝假時去逆〻第二要分
生與死藏風得水是為生死則氣飄零第三宜逆不宜順
逆是下山腳先回順是逆隨來第四要嫩與老〻是大山毛骨粗
嫩是撫皮膚穴星要分八般病者病得勞定斷稍頂下拖[折痕]
礴是石山岩巉斷肩者水穿膊出剖腹腦長窟折臂亮下
左右低破瓦浪痕垂陷是腳頭竄入鼠口舌生嘴穴面又四般
病者病皆要憩貫頂脈從腦上拖暈峯不現頭墜腳脈從腳
下去要亮何卧壓繃面橫〻生脹鼓條生氣自潛消飽肚粗拙
覆箕樣醜惡那堪相

龍從左來穴居右只為回來方入首龍從右來穴居左只為藏形
以轉磨高山萬仞或低藏看他左右及外陽（看左右外陽捉穴）左右低時在低處（的當不易）
左右高時在高岡朝山最是（看朝山捉穴）龍穴正不必求他去尺量正穴當陽
必要將身將便對（要訣）對向乳頭之穴（乳穴要藏風）怕風缺必須低下避風吹鉗穴以
鈎掛壁隈推嫌頂上只從來仲（鉗穴宜避水若平淺則多處）掌要在掌心裏左右挨排總坐孔
是窩穴須要出以窩（窩穴要擁抱有情不宜偏側）左右不要容少偏陂斜瞻之穴要外裹外（秘訣）
裹不牢反生禍山來雄勇勢難過便是突形也作穴只要前山
出抱轉身看正穴官不從重重包裹蓮花瓣正穴卻在蓮內
花心

相穴法

案山低穴

論坑案山

凡點穴先須於穴星上斬木燒草使星形明白然後於明堂中或案山對面相之參定穴場在何處私立記認以憑審訂經云穴在南時北山尋穴在北時南山望是也對案山既已既據經夫其山有案山高低高者齊眉低者應心經云朝案高時高處下者低時低處斜又曰對案山來不須側攬方移步便欹斜只將對案為真穴案若正時穴最佳若無案而且孤為朱雀其遠取用高山近水用低山

穴情

來龍不論短與長但看到頭之一節五星推取木金土名曰三吉為結穴要頭明淨體豐肥頂圓身正號為奇開脚展

云毬之氣常無
常斂為看水
曲盤蛇穴為貴
融平坦不除不
迫也水曲盤蛇
而不直硬滲然
一個太極圓則形
舒氣和而聚盡
古人所謂山龍
落脈氣不能聚脈
是也

翅便結穴身與處山巒各別上開八字以遮風下開八字以蓋穴大八字分龍虎合界定龍脈至挺賤小八字分穴下合界定真氣弗漏泄名曰大口內小口定然穴臨小口為上若分而來不真內全生氣而融結下八字合於止而外分聚氣而受穆上為分合不為合雖雄交度而成穴真穴天生自奇異穴為陰陽分處凸陽來陰受處中突陰來陽受突中窩上陽下陰二中行上陰下陽二內陰多陽少真湊毬陽多陰少湊毬間陰陽平半中間取佳陰佳陽而從陽陰盛陽衰只就強陽盛陰衰則就強動處是生靜是死氣聚生死穴既能識真的須辨龍脈之緩急龍急脈急氣來尤急葬急須擬穩人跡

氣急理合作虛
粘疊于西瑩接來
脈
高山之龍勢奔
氣湧要脫卸
平洋氣始沖
和此謂急來不
怕葬深根是也

放棺避毬而湊簷枕出毬外四五尺龍緩脈緩氣亦緩葬緩
脫脈退因虛放棺避簷而湊毬枕出毬進入七尺急甚緩舌異堪
下葬傷唇齒際可於休動骨兩片蟬翼股莊砂界股蝦鬚微
抱穴點穴只點於界間上下不可違遠下葬脫兩片牛角陰陽砂界定
蟹眼穴中出立穴只點於砂抱中左不可扯右不可低點穴既看真蹤
銜帶瘦偏脫弄吐舌中乳若高龍扇低急脫風掃大不宜中
乳若長龍扇短　玄武吐舌稱難免

穴場

此葬家最忌閉硬面界不開口穴不現若閉穴場得要忌不足
開口便開手口員是富長是鉗太陽少陽理自然含珠是寶吐

富鉗不甚異但
鉗長富員鉗果
長穴變仍成員
短鉗口必有合毬
緣合毬而已漏槽

蟹眼是界水褶
蓄水純真穴也
真鉗頂氣必定
中空員浮而生
氣名金襯銀
檔
若于暈頂再見
一二半暈如蛾眉
月樣名曰天輪有
三輪乃大貴之地
穴暈與左右長
短高低停勻於
暈心放棺若左
右少短則用吞法
若左右少亂不過
三尺堆不動內
秘金曲長則用吐
法若左右少高則
用浮法若左右少
低則用沉法吞吐

香乳太陰少陰因其乳突不可孤單用慎看兩手合分輕重

上水手輕却不妨下水手重堆疊光或出身或外助亦好

環抱為我護抱抱緊些仍是口抱抱稍寬乃是手口含元氣手

護心最緊切要勿差矣

穴暈遠看似有近看則無側看則顯正看模糊

穴暈乃太極一圈也得此一圈以作墓壙故名穴暈日月在

天其傍而暈暈有形而無影穴暈亦然

問穴暈既在界界之間然畢竟是界界高些子還是界

界低些子因是俱未是須看陰陽地理以坦闊為陽以收斂

為陰如在陽中求陰則是界界高些子如在陰中求陽則是界

浮沉不過三尺堂
堆不動內秘金
井

畧低些子

高山石暈自祖至細闊至中間必得似石非石之土平岡土暈闊至中間必得至精至美之土平洋沙暈闊至中間乃土可矣難得精美 此必開壙乃見暈之有無而穴之真假可定

凡真暈不生樹生木乃樹木名全深根撥去浮根暈必無淨土亦有木石穴當暈獨生大樹或被風撥或為人撥恰穴其中必名造化潛藏以待有德

穴口暈小毬簷脉息窩突牛角蟬翼蝦鬚蟹眼金魚

毬既結穴必只一暈如太極圈已注暈上下左右不真就真穴真砂法水四勢何為真毬毬是也即化生腦之上若微微之蓋下

辨之分明

之紋半月之形曰天輪更將穴居之毬此處上下為穴之真穴何為真穴即暈心之微凹凸是也凹隱而內曰窩窩之中復起小突曰息凸高而顯曰突突之上復生小凹曰脈脈之窩曰螺紋突息曰土縮穴無螺紋土縮則陰陽不交為穴之真穴何為真砂兩傍夾穴之微砂曰牛角（夾抱）砂以其甚薄又曰蟬翼砂穴之此為穴之真砂何為真水砂內界穴之微水曰蝦鬚（細小）水兩水分處曰蟹眼兩水合處曰金魚穴之蟹眼則上穴之分無金魚則下無合為穴之真水金魚之內曰簷即唇氣也穴果真則四真畢具其砂水兩旁必具一一邊而一邊暗翳之股內股暗曰陰陽相交若具一不具此非真穴矣

不員不動不動
不成不言火其火
不作穴必因他質
以配々如其木會
或其火金會必剪棄
其火而敵金木也又曰
金實必乘其虛水
旋必相其止土厚必
縱須滋飢木直必印其

明白了當

乘金相水穴土印木

不拘何星坐穴顛後其頂必員々者金也故曰乘金坐穴臨前其

唇必出々者水也故曰相水既占々穴其地必平々者土也故曰穴土

坐穴左右視其兩肘必長出直抱穴出直者木也故曰印木

乘金　頂氣取上面圓暈一分開處即个字之義

金星圓是員頂木雖身竦亦員頂（是金也）水穴依母亦是員頂土穴

必孚亦是員頂（金也）火不作穴必穴水土仍是圓頂故郭氏雖備五

行及言穴法漸曰乘金

或問正體圓是員頂若是側腦沒骨凹腦奈何曰坐穴視之

其頂亦員不能外現々其胝必員不員不成頂氣

總之以矢中的

相水　唇氈取下面界後交會處卽合襟之義

凡穴不拘窩鉗乳突其下必有唇氈唇氈口合穴氣氈於口合依歸之氣也唇下是金魚水氈下是祿儲水所云相水相是氈唇卽是相水不必滯於田水池水是水也無唇非口何復言氣無氣（何復）言穴氈猶手抱膝拜鋪展之物也無唇無穴無氈少丁凡作穴之法上有天輪影蓋下亦有唇氣環轉工穴猶安逃

金魚水

穴既開口合口要有唇之下有蝦鬚界名曰金魚水有唇則肉地肉厚穴氣自融有金魚水以界斷肉氣不使走散凡穴

以此定真假若金魚水穴必不真

或問唇要是水莫須要折否曰然也坐穴看唇特地兜工收謂之要然要折之謂也唇縱須兜為正為五行員為金唇曲而謂水唇方而謂土唇皆吉直為木唇尖為火唇皆帶煞須用剪裁

穴作扇面斗甑兩手開脚出唇員滿內氣自聚若當口饒地橫欄如檀是為木唇必若全福若能培削改直為員大吉

穴下拖出直長饒若氣高者為殺氣若能真穴的可作兜金裁避壓煞否則棄之可也

不拘何星但見尖即是火煞皆凶只用水制火法照月池剖

培此中眉之泉常時不涸必獲大福

穴土 生氣聚止之處土即中之義

不拘何星當穴暈之中皆是一片肉地不敲不傾可坐可臥和平中正乃是土也一點靈光其靈在此葬者乘生氣必乘於此如論天心此是中心如論十道此是交會一名螺紋一名土縮一名肉陳騰蛇就暈論之輪影漸收至此收盡故曰螺紋就勢論之自後並來至此而止自前兜來至此而止自左右抱來至此而止則縮聚培土縮內陳玄土騰蛇脈土內闌于後騰繞于前樞機在中

印木 敵拳障蔽藏處即藏風之義

印木即印証龍身兩附也天工星危惟中垣建極四傍之千

八宿旋繞包裹其左七宿曰青龍右七宿曰白虎地穴家之說居左手為青龍右手為白虎是大龍虎是小龍虎此論開口開手開口之小者即龍虎鉗口即暈蓋坐兩端開口稍大內必是蟬翼砂薄薄抱穴一名小龍虎開手之際其隨其四象皆是小砂抱裹成穴開口之大者龍虎內又是小龍虎小龍虎內又是薄砂薄砂內又是閃地學者察之必以夾耳為憑夾耳是龍虎兩開要夾穴之兩肩也凡龍虎開口兩腮必拓開手兩肘必拓尚淺拓要上氣斫頓下氣上迎即穴矣如未有腮未有肘太上了不可穴如已過腮已過肘太下了不可穴故審龍虎以察穴場審小龍虎以察穴針一定不易之法也

乘氣

氣如蒸飯必足釜甑以為範圍但只頭在甑中橫放直放皆能蒸熟只怕頭在甑外便為枉然太極一圈生氣之範圍也安棺納骨在暈中則主貴主賢發財發丁各如其能力量若失之暈外一任可愛臍受津如補風何況憒不識龍盲不識看穴星穴暈未通孔竅但就羅經左轉右轉（時師多犯此病）曰某亥穿山曰某亥透地當出科甲某舉某級當出狀元直是連夢也不曾作也

乘接法

凡立穴乘接陰不外吞吐浮沉而吞吐浮沉即在金土水木

片玉純髓亦筆工
露路在偏在尾花
中香味落歸在心

或左或右有水
削去一角兩角不
均者是其氣上凝
故居頂

中剛云如金乘其頂取其光也土穴其中取其靛也水性動
而金泡變則靜木性靜而水折變則動蓋氣從下浮見
其如陰泡之金其氣從陽根之土其氣沉氣從陵而來者
如凝直之木其氣吐出折之水其氣吞氣分吞吐浮沉而以蓋
粘倚撞之法施之則無穴自穴毫髮之差矣
穴總虎抒額上則有壓殺之法蛇抒耳旁則有閃殺之法蜈抒
鉗裏則有脫殺之法犬抒懷中則有藏殺之法　氣在腦
割腳在居頂垂乳要其頭蟹行眼中而力大氐脇內吞盂燈
太上則鬪殺太下則脫氣　氣在骨　氣在尖動為生氣
大尾而斬斬蝠草頭露而垂珠魚腮傍骨牛舌覩其蟾宮
留半腦月暈湊一陰毬窟湊陰留陽毬突湊陽留陰毬差矣土
陽氣勝故湊陰　陰氣勝故湊陽
唇內鶴其頂間擲竹節胞葵葉凹心荷盤珠上柳葉心中泉湧
即盞中酥　節脉在中

槐香塞以竹
通水

窩在頂即葬頂趾必腳下不出腳方真體剛飽頂上有窩即作天穴其水或出或不出一仍肩趾慎勿妄決上剛下漫中間有窩即作人穴頂剛腹飽腳下有窩即作地穴

萬斛泉珠氣湧于大衆小特大落地梅花氣萃于心衆大特小氣在天門一呼吸　臨豐
大生爲貴花蓓小生爲尊孩兒臨頂象牙鼻根銀檀金槐須豐
則氣凝
臨席帽箬笠要坦陽瘦帶動中斂吉合襟靜變爲奇舂珠
陽坦則氣展
頭上覆杓臨邊人莫臍腹却要窩藏禽在翼異阿不拘左右
氣在臨邊

穴法

山之俯生頂高而足縮則上聚而下散多在山之巔作天穴山之仰生頂低而足濶則上散而下聚多在山之麓作地穴山之正而長生則上下皆散而中聚多在山之腰作人穴山之左生而右死多在脇之左作仙宮穴山正行而忽反側必後山推而前山皆如蓮花之仰覆必頭大頸小作紐絲穴山反斜而穴正結如旗之張尾如弓之上拄必作草提根穴山正平而穴突起如著脊之利蜈蚣之出土

龜蛇之昂頭作水穴山俯而仰生必生塊如連珠蘆花之三裊作三停穴山之正行而豎倒則中聚如轉毬如草尾之珠作通容穴山高處於平洋或浮或沉如藕斷絲連必作金盤荷葉穴山來臨穴攏轉左右開口兩腋結穴水分東西二穴兩背相提是為開斧穴

裁取穴法

四山高逼穴易壓嶺上尋宗四伴（畔）低曠穴從平處擺脫不留情左高而壓穴尋右之高而壓穴尋左前逼而穴宜析於後之逼而穴宜超前或近壓而遠秀或內濶而外收穴須高取而論周圍或遠粗而近秀或外窄而內寬法須低藏而求窩聚眾夫一細

取其細女坐園中而不露衆細一特取其特鶴立鷄羣而自奇坐（衆低特高）

忌空下忌曠、特論常理山豈卧執手喬身回結之局山直來小空橫（坐空朝滿）

受多抱衆忌彼為知脫手脫砂就局之權勢遂砂順誰識離（張山食水）

鄉堪取貴水朝砂抱須知生地將殺質三山齊到坐縮藏其而

點穴諸脈亂出再跌斷其則為真

依脈下穴法

落脈情微為真、穴乘生氣為的莫貪於對頂之中休觀于蠢

懶之卧旁閃皆為真的貫（須）多是落花出脈須分个字結穴為尋

界圓中心出脈者而為生為真側閃而來須求氣旺為工忌硬中為

求離閃粗闊變定是旁行落脈雖微工者蟹眼何慮摸、突孤

陰縱多分合仍蓋似顯多為虛假三陽定是死成節泡虛生
時人誤以為毬葵多貿絕皆因重陰無陽

五星穴法

遇金穴而居窩底逢掬手乃穴懷中抽脈斬頂吐珠破腦
斜出揆頦低小近腦高頦帶火開頂俯仰侵陰攔腹眉月梳
稍掛角金梭柳葉穿心天罡頂腦上孤曜顱門中
逢倒木而折節帶土金而斬出枝直立三停可穴斜沖
一肘堪栽金斷手脚胞之中而隨于珠頭之上帶火脚而爛窩
胞疊土體也斓浪紋平夷為身斓砂硬直側耳傍抽反枝稍
上折股節頭

吳公云木星忌下為頭穴閃煞人丁絕或粘或倚穴為奇閃脫君要知故凡直木須尋粘穴以脫煞或倚穴以閃殺煞粘乃吞乃倚乃脚包此要訣也橫動尤難下穴要實

窩鉗口為憑此要訣也直橫為正格又名曲尺者乎曲動處尋穴乃變格也皆要脊上平正兩弦起稜亦須稍濶大不可狹小平面木星穴惟平處有之真諦起伏多者方結此穴力量極大廖氏云九乎而星辰靈光凝聚乎坦處佳氣流行於低下精神收斂造化完全極吉必須孤脈真奇証佐分明流神合法方為真結

水喜陽珠串腦又喜盆池傍骨金体陰方作土頭盆腦挨
波紋不靜木腳穿陽串珠居半腦火腳穴窩爐掃蕩栽其
靜處平波的存陰中左右仙宮村食指陰陽合谷捧天心
倒火拈穴脫煞沖天百會(亥大)乘峰見金形一動一靜生土體三
起三堆出木腳相抽向下帶成体制化堆中太陽三穴最喜聖
猫穴泡相宜乎裏穿針穴工附剛脫殺就陽旗形合字
飄葉文心拖鎗避嘴捧(劍)金離鋒
土橫腹內下土欹崗中為俯生一陽而穴仰生一陰其伏稽端
正窩形低心凹村工平下附訣居角邊帶木連火燭在掌心
方體瓏珠為葉水角(腳)金泡乃叢倒土宜鉗口藏金愛水珠似

棋盤中宮位上如缺角遺脉尖頭屏角防金生水輔弼出

水摸金

五星葬法

凡金星行龍要剝摶摸如穴收生窩突為吉若正面生小泡小突名曰紫氣穴亦吉不生泡突名曰蕩面不能打破取開口亦名水穴吉金星不開口將龍穴不足縱發福亦易敗矣

凡木星行龍要摶摸紫氣及開口生名曰泛水木星為官不絕若橫木作穴只看節目間葬之名曰萌芽穴或倒地木直來長十餘丈直射如鎗頭間微開小口名曰蘆鞭龍出伏元拜相直木開口便為奇脈穴不須疑

凡水星行龍為搏換金穴人財大旺

凡火星行龍為見土穴及木穴主文武雙全火星只宜為敵土

為土為木乳、金土生木不堪村下段補連綿

凡土星行龍只宜金上可為村兩角認其端

一寸金

宋 謝子敬

太陰正面看弦稜或缺其間為窩生側（面）太陰宜村角且為精

神為樓落太陽正面元盤出紫氣太陰穴一般開口頂嶺為微

凸微凸之中口要生（正）于中又為論淺深之時深窩公堪尋若

見金星氣下窩之不員時粘或拖若見金星紀窩穴窩淺

平員中可搖脫乳就窩何其是詳認中間硬急勢兩山抱聚

金星有二体上下俱員者曰太陽金上員下方者曰太陰金俱為正体側腦平面三格正体金星形員而端正者穴中側腦形員而身側者穴旁平面面仰而身員者穴頂

正体木星頭員身聳而端正者穴中側腦頭員身聳而欹側者旁平面面仰而身平長陵者穴結飾苞

正体水星頭員身曲而端正者穴中側腦頭員身

曲而歛邪看穴象
平面之仰身曲而倒
地者穴結于頂
正体土星頭之方身平
而端正者穴中側腦
頭方身平而歛側者
穴旁平面之仰而身
方倒地者穴頂又有
凹腦土星頭方而中
凹者穴結凹下
火星不結穴

中又直坦中平舌弓福力乳穴勢急的並瀉階向安墳粘氣下金
星鉗口安弦稜突土金星頂窟生突金頂突安蟹鉗中間微起
名安墳金星頂員兩腳火鉗口淺時高下可三腳金星腦頭頂抒却
怕坑槽深兩邊孤金牛角閃水葬蛾眉金星肩面工側面金星面
上平弓勢瀉下穴還成開口金星俊面稜須抱捲變槍中平
木星一直的一字若不員金中穴是忽然倒地長而丈文不論橫直
皆可葬側弓木星口狹員橫木勢垂鬭斧安浮起木星三四
孫又取生得形格高尊木土木從水木都取取背後弓動出鐮鐵
木星名的然後穴都取就來牽文枝木星兩腳直弓弦緊狹尖人
識金釵葬股一比並之變抒之為妙術縮籃木星縮得緊適

處正勢名藏頭垂頭木星須葬頭頭低不起忽轉句若還頭

巧遇最好直木星頭名是好插脚木星截出動泛水木星同

作用

水星泡起皆可葬又怕凸起出瘡樣水窩之內須中平又要

窩淺兩弦接水頭之穴最奇巧形似蜂腰微微泡

土星平地形似櫃面上平正就上取土星角好角上杵兩角齊好

就窩弦突上微微腦上杵口中手挖窟就弦平地若見棋盤上

棋盤端正出大富 河南乃天下之中多有葬腹者江南亦有葬腹者

五星取穴

木之形直而聳 火之形尖而側 金之形頭圓脚潤 土之形方而

天地間二大局
止有水火濟金
木交卯如金星
入首非窩不可

脊水之形出而動又如土形方而玉几御屏金櫃天馬之類金
形員而覆鍾覆釜半月蛾眉之類木形直而玉尺橫琴展軸
之類水形曲而生蛇飛鳳廣帶金箱之類如火形在燄動散木
形在泡節散金形在開口散土形在脈角散如生窩散則吾以得其

穴非鉗不成窩窩即為水而鉗即為木也如木星入首非芽不可穴非節不成芽之即為火而節即為金也蓋金窩金鉗即水即木木芽木節即金即火惟土無位變金木穴陽面打突或乳角陰陽面打窩或曲坦窩

穴情之真也
金星結穴多在窩宜直打水窩或似蛾眉出打金角或結璣
凸或是蛋肥形是為頑金當開口散水以沒枝栽之金星開口
散穴既高坐實若坐下不實名為懸鐘金其氣在邊如鐘之
在旁在邊也
倒地木星長直而瘦若無包節乃為死木無用處也必得水合

襟之左右已界水插入肩膊之內界出門面方成體制

水星結穴多在其天池流珠以其行以珠其正但以水傾地現其

行動其池流珠自可見矣

火星尖秀多作祖宗之山聳龍樓寶殿之勢謂之沖天火星

火星結穴或尖秀豁攏如掃蕩鉗鐮之類却手擺動變閃

衆剪火求之火星成形頭尖腳潤若火焰不動名照天火金閃為他地作用神

要也必向尖斜欲向之處插界水插過一邊使尖頭歸要方奇

立穴

土星結穴多是土膺藏金啟其中正窟則口小啟開尖窩尖類矣

土得火而溫煖生意在其中坎和而生養萬物者也

地理之妙無出五行五行之變不可勝窮無五行不生則不旺不剋則不成故金得火而益精水得火而既濟土賴木而疎通水逢土而不濫木得金而成器雖相剋之所驗實必生之而後可也觀子本水鄉而火實生焉午本火地而水自寓焉造化之生生又如依其妙者吾無由而能之

論脈

魚尾擺開有前觀後倚之勢虹腰便下認橫枝直就之情無莫道無頭無面橫有其踪休言是木是金動中取穴順受逆受何拘對定于天心旁求正求橫揹揖托龍脈橫擔橫落無龍却葉有龍直而直枝有氣須尋無氣橫山湊脊要曰開脊

金　木　水　火　土

直山打柔變曰入路拋鞭須穩節避刺爲離根反手粘高
骨衝天打顱門邊大臨頸出雄粗帶側尋打尖休動骨點鼻
莫傷唇五直宜橫下三停妙影尋臉蓋打眼內側耳從顴
心牢鼻防聲水魚腮急合襟

口義

如覆釜是金星行時最忌喜相生不宜手足并斜側見火來
傷出呂刑如賴筍是貪狼（木）不宜斜側（仄）火來傷腳根水土星
貴一舉成名遇外邪動是水（星）孫冉冉下唑金木真孫否不宜
側火勞來侵做賊具瘟炎變閃如享奪火神行預時一舉使
成名頭斜身側爲軍賊帶石敲斜神廟璽若是橫平名曰土

金魚
明堂
水城
城門
龍虎

金書玉軸真難遇，更生一直起丁丁，庶人之子朝天去，為刀尖
嘴馬蹄弦上法，分明為理打勻，兩邊中央開截馬蹄，法為據
為先，劍脊鬐因茅葉草尾垂珠直，其結氣流來勢急，穴宜饒
須認兩邊收水貼起，三橫生一直弦神起變真弦，遂名曰梁間
燕窩形仔細按排，看胎息，敎君術看金魚，左灣右抱穴中
居坡前合著金魚水，當代榮華的不虛，敎君術看明堂，只
宜平正及員方，最嫌窄狹并斜反，更要元辰直去長，敎君
術看水城，來似展席，鴨頭青橫似腰帶，遶前過返反番弓
地不成，敎君術看城門，奇峯悍（鑽）最為尊，更宜禽獸關闌際赤
口款斜必動瘟，敎君術看左右龍虎，蟠居世罕為相饒相讓

三陽　最為奇者是相殘終不久教君術看三陽三関三澗最為良

朱雀　只嫌斜返砂頭背落陷之潮水不長教君術看朱雀要乃

一　尖峯如筆卓不宜斜反石巖峩若見如斯定銷鑠教君術

送迎穴　看送迎子父公孫相擁從天乙太乙兩邊排名要拜跪如進貢

太平穴　太平穴仰掌盤為窩為凸實堪安字様垂指倒為定雄脈來長

四平穴　饒借杆四平穴金盤様只宜為實存中央其間可認金錢眼更

平坡穴　識荷花心裏香平坡工實難秋鍬不能之祖又之菌蜘蛛結網

腕中穴　中心實兩畔之山四水潮腕中穴少人知直來須向坐中宜作穴葬

横担穴　時須用斬關重發水樂星齊横担穴竅亂手同穴後須教頭兩峰

鐔鐴穴　對面重重山水護不宜凹跌不宜空鐔鐴兩之出人下作穴原來多

鍬口穴

醜陋勢斜脈直為情界水分明真不假不鍬口穴尚公這樣

犁嘴穴

出身端的醜賊眉月角此回情側倒為真正則謬犁頭嘴也

犁頭穴

堪為田塍縮縮水隨灣後宜脈直葬須斬壙內裏穩莫亂看

較犁頭樣大嘴形令人見了說無情若是開窩不帶煞教君葬

後自然興

妙訣

明堂証穴

堂正則穴中堂左則穴左堂右則穴右只看水勢聚處以

向就之楊公曰凡看疑穴觀堂局真處抱身曲

心一堂術數古籍珍本叢刊　第一輯書目

堪輿類

章仲山挨星秘訣（全彩色）
臨穴指南
靈城精義箋（全彩色）
堪輿一覽
三元地理真傳（線裝）
姚氏地理辨正圖說
地理辨正補
欽天監風水正論（線裝）
蔣徒傳天玉經補註
三元天心正運（全彩色）
元空紫白陽宅秘旨（全彩色）
羅經舉要（全彩色）
漢鏡齋堪輿小識
陽宅覺元氏新書

地理辨正補註
許氏地理辨正釋義
三元地理正傳（全彩色）
地理辨正天玉經內傳要訣圖解（全彩色）
地理方外別傳
星卦奧義圖訣（全彩色）
地理秘珍
三元挨星秘訣仙傳（全彩色）
欽天監地理醒世切要辨論（全彩色）
地理辨正抉要
地理法門全書
地理辨正抉要
元空法鑑批點本，秘傳玄空三鑑奧義匯鈔合刊
元空法鑑心法
地經圖說
地理辨正自解

謝氏地理書
地理學新義
平洋地理入門、巒頭圖解合刊
平洋地理闡秘（全彩）
華氏天心正運
地學形勢摘要
司馬頭陀地鉗
鑒水極玄經 秘授水法 合刊
地理輯要
地理辨正揭隱 附連成派秘鈔訣要
地學鐵骨秘 附 吳師青藏命理大易數
趙連城秘傳楊公地理真訣
趙連城傳地理秘訣附雪庵和尚字字金
山洋指迷
三元挨星四十八局圖說
張氏地理錦囊
青囊一粟
堪輿秘訣彙釋
風水正原
風水一書
金光斗臨經

命理類

命理大四字金前定數（全彩色）
韋氏命學講義
命理斷語義理源深
千里命稿
文武星案上下卷
精選命理約言
斗數宣微
斗數觀測錄
地星會源斗數綱要合刊（全彩色）
皇極數（1－4）
星命風水秘傳百日通
鐵板神數（清刻足本）——附秘鈔密碼表
邵夫子先天神數（1－2）
斗數演例（全彩色）
滴天髓闡微——附李雨田命理初學捷徑
算命一讀通——鴻福齊天
命學探驪集

命理用神精華（原本）
澹園命談
命理尋源
新命理探原
滴天髓微義

占筮類

擲地金聲搜精秘訣
卜易拆字秘傳百日通
易占陽宅六十四卦秘斷

相法類

相法易知
相法秘傳百日通
新相人學講義
手相學淺說
神相全編正義
相門精義

三式類

壬課總訣（全彩色）
六壬教科六壬鑰
壬學述古
奇門揭要（全彩色）
奇門大宗直旨（全彩色）
奇門三奇干支神應（全彩色）
奇門廬中闡秘（全彩色）
六壬秘笈——韋千里占卜講義
奇門行軍要略
大六壬類闡（全彩色）
大六壬尋源二種
秘鈔大六壬神課金口訣
秘傳六壬課法附金口訣
大六壬指南
甲遁真授秘集
大六壬尋源二種（上）（下）
奇門心法秘纂（全彩色）
奇門仙機（全彩色）

其他類